FACULTÉ DE DROIT DE PARIS.

DU

DROIT DE RÉTENTION

THÈSE POUR LE DOCTORAT

PAR

Antoine VACHEZ,

Avocat à la Cour Impériale.

PARIS

IMPRIMERIE DE MOQUET,

11, Rue des Fossés-Saint-Jacques, 11.

1860

FACULTÉ DE DROIT DE PARIS.

DU DROIT DE RÉTENTION

THESE POUR LE DOCTORAT

L'acte public sur les matières ci-après sera soutenu le Vendredi [illegible] 1860, à 1 heure,

PAR

Antoine VACHEZ,

Avocat à la Cour Impériale.

Président : M. **VALETTE**, Professeur.

SUFFRAGANTS : MM. **PELLAT**, doyen, **PERREYVE**, **BONNIER**, Professeurs. **LABBÉ**, Agrégé.

Le candidat répondra en outre aux questions qui lui seront faites sur les autres matières de l'enseignement.

PARIS,

IMPRIMERIE DE MOQUET,

11, Rue des Fossés-Saint-Jacques 11

1860

DU DROIT

DE RÉTENTION

INTRODUCTION

1. Dans un sens général, on entend par rétention le fait de détenir la chose d'autrui, à un titre quelconque. Mais dans le sens spécial que nous lui donnons dans cette étude, le droit de rétention consiste dans la faculté conférée au possesseur d'un meuble ou d'un immeuble de refuser de s'en dessaisir, jusqu'à ce que le propriétaire de la chose retenue exécute l'obligation dont il est tenu envers lui. Le détenteur ne conteste point le droit de propriété du débiteur : toutes ses prétentions consistent à défendre sa possession contre les réclamations du propriétaire, afin de le contraindre indirectement à s'acquitter de sa dette. Car le besoin qu'il a de sa chose, le désir de la reprendre, et surtout l'impossibilité de l'aliéner d'une manière efficace, ou de s'en faire un moyen de crédit, en l'engageant au profit d'un

autre créancier, l'amèneront inévitablement à acquiescer à la demande du rétenteur.

2. Au premier abord, on pourrait croire que le droit de rétention constitue une dérogation au principe qui veut que dans une société bien réglée, toute personne s'adresse aux tribunaux pour obtenir justice. Mais il faudrait pourtant se garder de voir dans l'exercice de ce droit un acte purement arbitraire et tendant uniquement à se faire justice à soi-même. A toute époque, le législateur a cru devoir protéger provisoirement au moins l'état de possession, en défendant de la changer ou de la troubler d'autorité privée. D'un autre côté, le but du rétenteur est seulement d'éviter une injustice de la part du revendiquant, en refusant de se dessaisir de son gage : aucune voie de fait n'est exercée, aucun trouble n'est apporté à l'ordre public, puisqu'il use de son droit par voie d'exception, c'est-à-dire au moyen d'une demande reconventionnelle dont les juges apprécieront l'équité.

Le droit de rétention est ainsi un vrai moyen de défense, et comme le droit de défense lui-même, il découle évidemment du droit naturel. Bien qu'elle ne soit formulée nulle part en règle générale, son idée est si simple, si naturelle, qu'elle semble innée, pour ainsi dire, dans l'esprit de chacun. La raison ne suffit-elle pas, en effet, à défaut de la loi, pour nous dire qu'un créancier nanti ne peut être contraint de se dessaisir de son gage avant d'être entièrement désintéressé ? Aussi toute législation bien faite, pour satisfaire, en quelque sorte, à cette idée universelle, a-t-elle dû au moins dans une certaine mesure, autoriser l'exercice du droit de rétention.

3. Si maintenant nous cherchons le fondement immédiat de ce droit, nous le trouvons dans deux raisons de la plus haute gravité : l'équité et l'utilité pratique. Il serait inique de permettre à un débiteur de poursuivre son créancier en restitution de sa chose, sans se libérer, en même temps de ses obligations. Sinon, l'égalité qui doit exister dans la position des parties serait détruite et tandis que l'une recevrait tout ce qui lui est dû, l'autre n'aurait le plus souvent qu'une action illusoire contre son débiteur. Ce dernier moyen laisse, en effet, le créancier exposé aux chances d'insolvabilité résultant soit de la mauvaise administration du débiteur, soit du concours des autres créanciers, si d'ailleurs sa créance n'est garantie par aucune sûreté spéciale, tandis que la restitution du gage étant subordonnée au paiement de toute la dette, le droit de rétention lui assurera un remboursement intégral.

4. Le droit de rétention repose ainsi sur les mêmes principes qui ont fait admettre la compensation, et la condition résolutoire tacite dans les contrats synallagmatiques (a. 1184). Ces considérations n'avaient pas échappé aux jurisconsultes romains.

Aussi les lois du Digeste et du Code consacrent-elles de nombreuses applications du droit de rétention. Dans notre législation actuelle, comme dans notre ancien droit, les cas où l'exercice de ce droit est accordé sont également nombreux. Parfois néanmoins cette faveur est formellement refusée. Mais, le plus souvent, le législateur garde le silence sur ce point, et nous oblige à nous demander si le droit de rétention doit être admis en principe : question dont la difficulté augmente par l'absence d'une règle générale sur la matière. Aussi n'est-ce qu'après avoir étudié la nature et les effets du droit de rétention, ainsi que les divers cas dans lesquels il est consacré par un texte formel, que nous parviendrons à connaître l'esprit de la loi et à donner la solution de cette importante question.

DROIT ROMAIN

CHAPITRE PREMIER.

NOTIONS HISTORIQUES.

5. Le droit de rétention s'exerçant, comme nous l'avons vu (n° 2), au moyen d'une demande reconventionnelle, tient essentiellement à la procédure par sa mise en action. Dès lors, son histoire est liée intimement à celle des trois systèmes de procédure qui se succédèrent tour à tour chez les Romains.

6. *I. Actions de la loi.* — Les principes rigoureux des actions de la loi ne permettent guère de supposer que le droit de rétention fût en usage à cette époque :

Ce n'était pas évidemment dans l'action *sacramenti* qu'il était possible de l'exercer. Car l'on sait dans quelle limite restreinte se trouvait renfermée la mission du juge dans cette action. Le *sacramentum*, somme d'argent déposée par les parties, comme enjeu, était-il *justum in injustum* ? Telle était la seule question à décider. Les parties prétendaient-elles qu'elles avaient des comptes réciproques à régler, le juge n'avait pas à s'en occuper. Et si le détenteur eût prétendu retenir la chose du demandeur par suite de l'obligation dont ce dernier était tenu envers lui sur cette chose, il eût infailliblement perdu sa cause, du moment qu'il était reconnu que le revendiquant était propriétaire.

Il est vrai que la rigueur de cette procédure fit abandonner bientôt cette action et créer la *judicis postulatio*, pour la poursuite de la plupart des obligations. Par elle le juge peut procéder aux calculs à faire entre les plaideurs et tenir compte des obligations réciproques qui liaient les parties. La latitude donnée au magistrat permettrait donc de supposer que le droit de rétention pouvait être exercé dans cette action par le défenseur. Mais la perte du texte de Gaïus, en nous réduisant à des conjectures sur la véritable nature et la portée de la *judicis postulatio*, nous laisse ignorer, à plus forte raison, quels moyens de défense comportait cette voie de recours.

Les documents font aussi défaut sur la troisième action de la loi : *la condictio*. Mais si l'on songe que cette *condictio* fut l'origine des actions de ce nom du système formulaire, si nombreuses et toutes de droit strict, il sera impossible d'admettre que le juge pût y prendre en considération les obligations réciproques des parties et autoriser la rétention du défendeur, à une époque où l'exception de dol, destinée à mitiger la rigueur du vieux droit romain était encore inconnue.

Quant à la *manus injectio*, c'était plutôt une voie d'exécution sur la personne du débiteur, qu'une action proprement dite. — Enfin, si quelque doute pouvait s'élever au sujet de la cinquième action de loi, la *pignoris capio*, il disparaîtrait bien vite, en observant que cette voie d'exécution par saisie des biens du débiteur était restreinte à certains cas déterminés par la loi ou les coutumes, et ne pouvait s'appliquer aux choses privées, mais seulement à l'équipement des militaires, au trésor public et aux sacrifices.

Aucun renseignement précis ne peut donc nous être fourni sur le droit de rétention dans la première période de la procédure romaine.

7. II. *Système formulaire*. Mais bientôt ce système rigoureux devient odieux et disparaît. Déjà, par une innovation due à la pratique usitée par le préteur des pérégrins vis-à-vis des étrangers, la *formula petitoria* avait été introduite. Plus tard, cet usage de la formule passa en règle générale, et le système formulaire fut définitivement consacré par la loi Ebutia (l'an 567 ou 583 de Rome).

C'est sous l'empire de cette procédure nouvelle que l'on voit apparaître le droit de rétention. Le droit rigoureux s'humanise, et c'est l'époque où le préteur, à l'aide de ses édits, va corriger les règles iniques des lois primitives de Rome. Or, c'est au moyen de l'*exceptio doli*, moyen général de défense basé sur l'équité naturelle, que ce magistrat parvient à faire triompher la prétention du possesseur de la chose réclamée injustement. Ce procédé nous est révélé par un grand nombre de textes; car si parfois le droit de rétention est désigné dans le Digeste par les mots de *retentio, retinere*, le plus souvent l'*exceptio doli* signifie à la fois et le droit de rétention accordé au possesseur, et le moyen de procédure mis à sa disposition pour exercer ce droit (L. 21, *Ad sc. Trebell.* — L. 27, § 5, *De rei vindic.* D. — L. 50, § 1, *De hæredit. petit.* D. — § 30, *Inst. de divis. rerum.*

Toutefois, quant aux actions personnelles, il importe de distinguer entre les actions de droit strict, et les actions de bonne foi. Dans les premières, le juge, lié par les principes du droit rigoureux, ne peut prendre en considération, aucune circonstance de bonne foi et d'équité. Pour lui conférer la faculté de corriger les conséquences iniques du droit strict par les règles de l'équité naturelle, il est indispensable que l'exception de dol soit insérée dans la formule. C'est donc au moyen de l'*exceptio doli* que le droit de rétention s'exerce dans les actions *stricti juris.* — Mais il en est autrement dans les actions de bonne foi ; dans cet actions, le juge, devant statuer *ex fide bona*, pouvait tenir compte des obligations réciproques des parties et de tout fait de dol émanant soit du demandeur, soit du défendeur. Aucune disposition spéciale de la formule n'était donc nécessaire pour lui conférer le droit de maintenir le défendeur en possession jusqu'au remboursement de ce qui lui était dû.

Quant aux actions réelles, à l'occasion desquelles le droit de rétention devait être fréquemment opposé, nous voyons, par les textes, que c'était par l'exception de dol que le défendeur repoussait la demande inique du propriétaire revendiquant, et se maintenait en possession (L. 38 et 48, *De rei vindic*). Car la *rei vindicatio* et les autres actions réelles n'étaient pas des actions de bonne foi, et l'exception de dol ne s'y trouvait pas sous-entendue. (L. 3 § 13 *ad exhib.* D.). Il faut excepter toutefois la *petitio hereditatis*.

8. ***III. Procédure extraordinaire.*** Le système formulaire passe à son tour. Les deux parties de l'instance tombent en désuétude, et une constitution de Dioclétien finit par imposer aux magistrats le devoir de connaître de tous les faits de la cause. Les exceptions, ces moyens d'équité destinés à protéger le défendeur contre les conséquences rigoureuses du droit civil, disparaissent avec la formule, et deviennent de simples moyens de défense

au fond. Dès lors c'est comme moyen de défense que le droit de rétention est exercé, et la forme de procédure qui sert à le faire valoir, n'a rien qui le distingue des autres moyens de défense, bien que les compilations de Justinien nous parlent encore de *l'exceptio doli*.

CHAPITRE II.

NATURE ET OBJET DU DROIT DE RÉTENTION.

9. Le droit de rétention étant la faculté de refuser la délivrance de la chose d'autrui à son propriétaire, afin de le contraindre d'une manière indirecte à s'acquitter des obligations dont il est tenu envers le possesseur de cette chose, on comprend aisément qu'il ne confère à ce dernier ni le droit de propriété, ni la possibilité de l'acquérir par usucapion. Le rétenteur n'a qu'une simple possession de fait, et c'est dans cette détention matérielle de la chose que se trouve précisément sa sûreté, puisqu'il ne pourra être forcé de se dessaisir avant d'être payé intégralement. Quant aux prérogatives résultant du droit de propriété, elles demeurent au vrai propriétaire : lui seul a le droit de l'aliéner, de l'hypothéquer, de la grever de servitudes. Le créancier ne peut pas même se servir du gage; il com-

mettrait un vol; mais il lui est permis de retenir les fruits produits par la chose, à la charge d'en rendre compte au débiteur, propriétaire de l'objet retenu.

10. Le propriétaire de la chose retenue doit, de son côté, respecter la possession du rétenteur, au même titre qu'un débiteur est tenu de respecter le droit de gage qu'il a conféré à son créancier. Cependant, bien que le droit du gagiste renferme virtuellement le droit de rétention, il faudrait se garder de confondre ces deux espèces de droits. Le créancier gagiste a le droit de faire vendre la chose pour être payé sur le prix par préférence à tout autre; cette faculté n'appartient point au simple rétenteur; il doit bien se garder de poursuivre lui-même la vente; cette poursuite ne serait rien moins que l'abandon de son droit de rétention. — Une autre différence non moins saillante, c'est que la rétention, comme nous allons le voir, est subordonnée rigoureusement à la possession de la chose, tandis qu'en droit romain, il n'était point absolument nécessaire que le créancier gagiste eût la possession matérielle de la chose engagée.

11. L'existence du droit de rétention est soumise à plusieurs conditions :

La première, qu'il suffirait de signaler, tant elle est évidente, est la possession. Ce droit, comme son nom même l'indique, suppose nécessairement qu'on est nanti de la chose, puisqu'on ne comprendrait pas qu'on pût retenir ce que l'on ne détient pas. Si le détenteur abandonnait librement la possession, elle était perdue sans retour, et on ne lui accordait plus qu'une action personnelle, *condictio*, pour réclamer son paiement. Cette action lui était même refusée quelquefois, et dans les cas où il lui est permis d'en user, il faut que la remise de la chose soit le résultat d'une erreur de fait (l. 21 et 68 § 1. *Ad sc. Trebell. l.* 9. *Ad leg. Falcid.*) Toutefois, en étudiant les principaux cas dans lesquels pouvait s'exercer le droit de rétention, nous verrons que certains détenteurs, auxquels la possession avait été enlevée par violence ou à leur insu, pouvaient la recouvrer à l'aide des interdits. Mais sauf quelques cas exceptionnels que nous aurons lieu de signaler, il n'y a pas à distinguer la nature et la cause de la possession. Les jurisconsultes romains, dans les nombreuses espèces qu'ils nous présentent du droit de rétention, accordent cette faculté au possesseur avec une facilité extrême; tant leur semble favorable la résistance que ce dernier oppose à la prétention inique du demandeur.

Il faut, en second lieu, que le détenteur soit créancier du propriétaire de la chose, et que sa créance soit née à l'occasion de cette chose. En d'autres termes, la dette du propriétaire doit être jointe à l'objet retenu : *debitum cum re junctum*. Cette dette aura le plus souvent son origine dans des dépenses faites sur la chose. Ainsi le dépositaire a assuré la conservation du dépôt à ses frais : un possesseur de bonne foi a élevé des constructions sur le sol d'autrui. Dans tous ces cas, les deux dettes sont corrélatives, et si le propriétaire de la chose n'exécute pas son obligation vis-à-vis du détenteur, ce dernier peut, à son tour, refuser d'exécuter l'obligation de restituer. Cette corrélation entre l'obligation de propriétaire et la chose due, est supposée par notre droit français, dans tous les cas où la rétention n'est pas conventionnelle. Il en est généralement de même dans la législation romaine, et sauf quelques exceptions peu nombreuses, dans lesquelles le droit de rétention est profondément modifié, les jurisconsultes semblent toujours avoir en vue cette connexité entre la créance et l'objet réclamé. (L. 50, § 1, *de heredit. pet.* D. L. 45, § 1, *de act. empti.* D. L. 27, § 5, L. 48. 65 *De rei vindicat. except.* L. *unique.* C. *etiam ob chirogr. pecun.*)

Ajoutons, bien que les jurisconsultes ne présentent pas des règles précises sur ce sujet, que la possession du rétenteur ne doit être entachée ni de fraude ni de violence. L'ordre public ne permet point de se faire justice à soi-même par de tels moyens. Les vices de violence et de fraude affectaient même la possession du propriétaire qui avait recouvré sa chose par de semblables voies, et le préteur accordait l'interdit *unde vi* pendant une année utile à celui qui avait été dépouillé : *spoliatus ante omnia restituendus*, tel est le principe. Une constitution de Justinien est plus rigoureuse encore : elle punit celui qui s'empare de sa propre chose, par la perte de sa propriété, et condamne celui qui enlève de la sorte la chose d'autrui, à en payer la valeur, après l'avoir restituée. Or, si le propriétaire perdait en pareil cas son droit de propriété, il est plus qu'évident que la violence et la fraude viciaient radicalement la possession du simple rétenteur (l. 7, *unde vi*. C. — Instit, § 6; *de interdict.*).

12. Une distinction signalée fréquemment par les interprètes et dont nous aurons lieu de voir des applications, en étudiant les principaux cas du droit de rétention, consiste à voir, en droit romain, deux espèces de rétentions : la simple rétention de fait et la rétention de droit (1).

1° La rétention de fait (*retentio facti*) est la plus fréquente et fait l'objet de presque toutes les dispositions légales qui ont trait à notre matière, et c'est comme exception que les jurisconsultes signalent les cas dans lesquels peut s'exercer la rétention

(1) Cujas, l. V, page 519, *de rei uxoriæ act.* § *taceat.* — *Pandect. ad leg.* 6, *de dote prœleg.* — *Ad African.* l, 30, *de actione empti.* — *In codic.* l. IV, t. 5, *de condict. indeb. princip.* — *Faber, rational in Pandect.* lib. XIX, t. 1, l. 30, *servus quem.* — *Ad leg.* 51, *de condict. indebiti.*

de droit. Aujourd'hui c'est la seule qui soit consacrée par notre législation. Elle consiste, comme son nom l'indique, à retenir matériellement la possession de la chose d'autrui à l'occasion de laquelle la créance du détenteur a pris naissance et à repoucser la prétention du demandeur au moyen d'une exception, qui le plus souvent sera l'exception de dol. Cette exception peut être opposée dans tous les cas où le contrat est entaché de fraude. Bien plus, le demandeur fût-il de bonne foi, l'exception de dol lui serait opposable, par cela que l'exercice de son action constitue un acte injuste, comme nous le révèle l'énoncé même de la formule de l'exception de dol : *si dolo malo nihil factum sit, neque fiat.* L'exception de dol est perpétuelle et peut être opposée au successeur universel de l'auteur de la fraude, aussi bien qu'à lui-même : elle peut l'être également à son successeur particulier, à titre gratuit, et c'est par cette raison qu'elle est dite *in personam*. Mais quant à celui qui l'oppose, elle est *in rem*; car il n'est pas nécessaire que le défendeur ait été lui-même la victime du dol et de la fraude : il suffit en définitive que le dol existe et émane du demandeur : *Neque enim queritur adversus quem commissus sit dolus, sed in ea re dolo malo factum sit a parte actoris*. Au reste, cette exception est de la plus grande généralité : car il n'est pas d'action dans laquelle on ne puisse l'opposer (l. 2, § 2, — l. 4, § 27, — l. 5, § 6, *de doli mali et metus except.* D.).

2° La rétention de droit (*retentio juris*) est beaucoup moins fréquente ; à peine en trouvons-nous quelques exemples en matière de dot, de vente et de legs. Les effets de cette rétention sont très énergiques : elle opère de plein droit comme la compensation en droit français. A l'instant même que la créance du détenteur a pris naissance, les biens de son débiteur qui se trouvent en sa possession sont diminués de plein droit par la puissance même de la loi. Il en résulte que le détenteur peut retenir lui-même et prélever sur la valeur totale des objets dont il est nanti, la valeur de ce qui lui est dû, et qu'il ne sera pas nécessaire, quand le propriétaire l'actionnera, de lui opposer l'exception de dol ; l'objet à réclamer n'étant plus en entier la propriété du débiteur, ce dernier encourrait même la plus-pétition en réclamant sa chose sans aucune déduction.

Nous avons dit que cette espèce de rétention opérait *ipso jure*, comme la compensation en droit français. La similitude est même complète quand au nombre des objets qui sont aux mains du créancier se trouve une somme d'argent. Comme la créance du détenteur a aussi pour objet une somme d'argent, cette créance est éteinte de plein droit jusqu'à concurrence de la somme qui se trouve en sa possession, et l'on obtient les mêmes résultats que s'il y avait compensation véritable.

13. Les différences qui existent entre ces deux

espèces de rétention sont sensibles, et résultent rigoureusement de la nature même de ces deux droits :

Nous avons déjà signalé la première : La rétention de fait qui donne au créancier, débiteur de la restitution, le droit de conserver la possession de la chose, à titre de gage, s'exerce en opposant au demandeur l'exception de dol. La seconde, au contraire, s'opérant *ipso jure*, aucune exception n'est nécessaire.

La seconde différence n'offre pasmoins d'intérêt : fort souvent la rétention est pour le détenteur de la chose d'autrui, la seule garantie qui lui assure son paiement. A-t-il restitué cette chose à son débiteur, fût-ce même par erreur, aucune action ne lui est accordée. C'est ce que nousaurons lieu de voir dans le cas du constructeur sur le sol d'autrui qui a abandonné volontairement la possession ou a négligé de la recouvrer. De même, et c'est l'hypothèse la plus fréquente, quand il s'agit d'une simple obligation naturelle, le créancier peut sans aucun doute exercer le droit de rétention ; mais aucune action ne lui est accordée par la loi.

La restitution, sans réserve, de la chose qui pouvait faire l'objet de la rétention laisse donc le créancier privé de tout moyen de recours, en vertu du principe suivant : « Ex quibus causis retentionem « quidem habemus, petitionem autem non habe- « mus ; ea si solverimus, repetere non possumus »

(l. 51 *de condict. indebiti.*) Mais ce texte ne s'appliquerait, d'après les commentateurs, qu'à la rétention de fait qui s'exerce au moyen de l'exception de dol. En effet, si la loi ne protège le droit du créancier qu'au moyen d'une exception, et refuse de lui attribuer une action, il est évident qu'en se dépouillant volontairement de la possession, le créancier perd toute voie de recours et demeure livré à la merci de l'autre partie. Mais si l'on suppose une rétention s'opérant *ipso jure*, il ne saurait en être ainsi : au moment même que les deux créances ont cœxisté, la valeur de la chose détenue par l'un des créanciers a été diminuée, par la volonté toute puissante de la loi, d'une valeur égale à la dette du propriétaire de cette chose. Dès lors, si le détenteur restitue la chose entière sans déduire préalablement ce qui lui est dû, il est censé avoir payé plus qu'il ne devait, et il lui est permis de répéter ce qu'il a payé indûment par la *condictio indebiti* (1).

14. Le droit de rétention n'est pas essentiellement affecté à la personne du possesseur. Le Digeste nous présente plusieurs hypothèses dans lesquelles ce droit passe à l'héritier de ce dernier. Ainsi Papinien suppose que la maison qui a fait l'objet d'un fidéicommis a brûlé. L'héritier la reconstruit et meurt. Ses successeurs pourront forcer les fidéi-

(1) Faber, *ration. in Pand.* L. XII. T. 6, l. 51. — *Id.* L. XIX, T. 1, l. 30. — L. 40, § 1, *de cond. indeb.* D.

commissaires à leur tenir compte des dépenses faites par leur auteur, et jusqu'au paiement de ces impenses, ils ont le droit de retenir la maison rebâtie de la même manière que le défunt eût pu le faire. (l. 58 et 60 *de legatis.* 1° D. l. 40 § 1, *de condic. indeb.* D.)

Un texte de Paul confère ce droit même au successeur à titre onéreux : Titius fait sur une chose commune à lui et à d'autres propriétaires, des dépenses nécessaires. Quand l'action en partage sera intentée, nul doute qu'il ne puisse garantir le remboursement de ses impenses au moyen du droit de rétention. (*Instit.* § 3 .*de obliga. quasi ex contractu.*) Mais si Titius a vendu le fonds commun, le tiers acquéreur pourra-t-il, comme son vendeur eût pu le faire, retenir la chose conservée ? Le Jurisconsulte répond : « Et verius est in hac specie expensæ retineantur. » Le possesseur se fera ainsi, à l'aide du droit de rétention, tenir compte de la plus-value, dont il a déjà remboursé la valeur à Titius en lui payant le prix de vente du fonds. (Loi 14 § 1 *communi divid.* D.)

Il y a là une raison d'équité évidente, et bien que les hypothèses prévues par les Jurisconsultes soient toutes spéciales, on peut dire avec une certitude presque complète, qu'il en devait être de même dans les cas analogues, et qu'il était admis en règle générale que le droit de rétention pouvait passer à un successeur à titre onéreux ou à titre gratuit.

15. Peuvent faire l'objet du droit de rétention toutes les choses susceptibles d'être possédées, meubles ou immeubles, et même les droits réels, tels que l'usufruit et l'emphytéose, pour lesquels les Romains avaient fini par admettre la possibilité d'une quasi-possession consistant dans l'exercice du droit lui-même. L'exercice de ce droit peu porter ainsi sur toutes les choses qui sont dans le commerce, sur tout ce qui peut être donné en gage. Les Jurisconsultes le considèrent, en effet, comme une sorte de droit de gage : *quasi jus pignoris* (loi 13 § 8, *de act. empti et venditi*. D. l. 15 § 2. *de furtis*. D.)

16. Le droit de rétention cesse avec les causes qui lui ont donné naissance : ainsi quand le détenteur a été désintéressé; la rétention n'a plus alors de raison d'être pour l'avenir. Mais le paiement doit être complet : un remboursement partiel ne permettrait point de réclamer une partie seulement de la chose. Il en serait de même si l'obligation était éteinte par un mode autre que le paiement, par exemple, par la compensation ou la novation, à moins qu'en stipulant la novation, on n'ait réservé expressément le maintien de la possession du détenteur (loi 11 § 2 *de pignerat. act*. D.)

Nous avons vu que l'abandon volontaire de la possession entraînerait la perte du droit de rétention. Il en serait de même de la renonciation du créancier au gage dont il est nanti. Ajoutons enfin que l'abus que le créancier ferait de l'usage de la chose, autoriserait le débiteur à se la faire restituer avant même de s'être acquitté de son obligation (l. 9 § 3. l. 24 § 3. *de pignerat. act.* D.)

CHAPITRE III.

EFFET DU DROIT DE RÉTENTION VIS-A-VIS DES TIERS.

17. Si le créancier rétenteur ne pouvait refuser la délivrance de la chose de son débiteur qu'à lui seul, le droit de rétention n'offrirait qu'une garantie incomplète et souvent illusoire. Le plus ordinairement, en effet, c'est vis-à-vis des tiers, vis-à-vis d'autres créanciers du débiteur commun, que ce droit lui offrira de l'utilité en mettant obstacle à la vente, jusqu'à ce qu'il soit entièrement désintéressé et en empêchant ainsi le concours de ses créanciers sur la chose retenue. Or, il ne peut exister de doute sérieux sur ce point en droit romain. Plusieurs lois du Digeste consacrent d'une manière fort nette le droit accordé au rétenteur d'opposer sa possession aux autres créanciers de son débiteur.

Prenons le cas le plus simple : Titius a donné, le même jour, une chose en gage à deux créanciers. Lequel sera préféré ? Celui qui se trouve en possession du gage : *melior est causa possidentis.*

Sans doute la position des deux adversaires est égale, et aucun droit de préférence ne doit leur être accordé vis-à-vis l'un de l'autre sur la chose. Mais celui qui la détient peut user du droit de rétention, sans s'inquiéter si elle a été engagée envers un autre créancier, et comme il ne peut être dépossédé, la détention du gage lui assurera une position préférable à celle de son adversaire (l. 10 *de pignor. et hypoth.* D.)

19. Supposons maintenant que le débiteur ait concédé un gage à deux créanciers, à deux époques différentes. Celui qui le premier a reçu la possession du gage aura d'abord un droit de préférence sur le prix de cet objet; mais, en outre, le second créancier ne pourra priver le premier de la possession du gage, qu'autant que celui-ci sera remboursé intégralement : « nisi priori creditori debiti fuerit soluta quantitas » Il n'y a pas lieu de distinguer si le créancier nanti était le premier en date. Fût-il le dernier, sa qualité de possesseur lui donne le droit de demeurer saisi de la chose et de la retenir jusqu'au paiement, ce qui lui confère en quelque sorte un droit de préférence vis-à-vis du second créancier. Cependant, par suite du droit de gage simple, chaque créancier peut exercer un droit de préférence sur le prix de la chose, même après en avoir perdu la possession; car la constitution du gage faisant supposer à plus forte raison la constitution

d'hypothèque, l'action *quasi serviana*, ou *hypothecaria*, pouvait être intentée par le créancier non nanti, soit pour exercer le droit de suite, soit pour exercer le droit de préférence. Mais le droit de rétention contenu virtuellement dans le droit de gage donne au créancier nanti un avantage incontestable sur les autres créanciers gagistes, en imposant à ces derniers l'obligation de respecter sa possession et de ne poursuivre la vente du gage qu'après avoir désintéressé le rétenteur. (l. 8, *qui potiores* C.)

20. Nous voyons encore le gagiste opposer le droit de rétention à des tiers dans l'espèce suivante : Un marchand de marbre emprunte une somme d'argent pour en payer le prix d'achat, et donne ces marbres en gage à son prêteur. D'un autre côté, ce même marchand a loué des magasins appartenant au fisc et a négligé de payer les loyers pendant plusieurs années. Néanmoins le procureur du prince, préposé au recouvrement des revenus du fisc, ne pourra point faire vendre les marbres dont le bailleur de fonds est nanti. Le droit de rétention de ce dernier est un obstacle invincible à l'exercice de l'action du locateur. (L. 21, § 1, *qui potiores*. D.)

21. Il est même des cas où un acquéreur, simple créancier dépourvu de tout privilége, peut néanmoins opposer le droit de rétention à un créancier gagiste. Ainsi une maison donnée en gage a brûlé. Titius se rend acquéreur du sol et y fait élever une

construction. Malgré l'incendie et malgré la vente, le gage subsiste, et le créancier peut en poursuivre les effets, tant sur le bâtiment que sur le sol lui-même. Mais le créancier ne pourra pourtant forcer le possesseur de bonne foi de restituer l'édifice, avant de lui avoir remboursé ses impenses, jusqu'à concurrence de la plus-value : « bona fide possessores non aliter cogendos *creditoribus ædificium* « *restituere*, quam sumptus in exstructione erogatos, « quatenus pretiosior res facta est, reciperent (L. 29 § 2, *de pignorib. et hypothecis*. D.)

22. Ailleurs le droit de rétention se trouve opposé à un créancier hypothécaire : La maison de mon voisin menaçant ruine, je me fais envoyer en possession *damni infecti nomine*, et j'en acquiers la propriété par usucapion. Le changement de propriétaire ne formera pas, sans doute, un obstacle à l'exercice de l'action du créancier hypothécaire ; mais ce dernier pour m'expulser de la maison, devra au préalable me rembourser toutes les impenses que j'ai faites pour la réparer : « non sine ratione dicetur, nisi impensas, « quas in refectione fecerim, mihi præstare sit para- « tus, inhibendam adversus me persecutionem » (L. 44 § 1, *damni infecti*. D.)

Il est vrai que la fin de cette loi contredit la loi 29 § 2, *de pign. et hypoth.* citée plus haut. Cujas explique cette différence en ce sens que dans un cas, il y aurait reconstruction, tandis que dans l'autre il ne s'agirait que de réparations. Mais on voit là généralement la trace d'une controverse entre les jurisconsultes, et la solution plus équitable de Paul a été préférée par la plupart des commentateurs. (*Vide Bruneman ad leg.* 29 § 2, *de pign. et hypoth.*)

23. Ces exemples multipliés permettent, ce nous semble, de conclure d'une manière certaine que le droit de rétention, en droit romain, est opposable non seulement au débiteur, mais aussi aux tiers créanciers de ce dernier. Cependant quelques interprètes ont contesté l'exactitude de cette solution, en argumentant de la loi unique au Code *etiam ob chirographariam pecuniam*, que l'on invoque aussi en droit français, au sujet de la même question :

Cette loi suppose qu'un créancier, qui a prêté deux sommes d'argent au même débiteur, n'a reçu un gage que pour sûreté d'une seule de ces deux créances. La chose engagée n'est ainsi affectée qu'au paiement de cette dette. Cependant si le débiteur, après avoir payé la première dette, réclame son gage sans offrir d'exécuter aussi l'obligation pour laquelle il n'a donné aucune garantie, le détenteur repoussera sa demande par l'exception de dol, de telle sorte que le droit de rétention affecte la chose pour sûreté des deux créances, bien que le gage n'assure le paiement que d'une seule.

Cependant la même loi ajoute que ce droit de rétention ne peut être opposé par le créancier qu'au débiteur seul, et non à un autre créancier. Ce dernier peut ainsi, en payant seulement celle des deux dettes qui est garantie par la constitution du gage, retirer la chose des mains du gagiste pour la faire vendre ou se faire subroger aux droits du créancier détenteur.

24. De là, on a voulu conclure que le droit de rétention opposable au débiteur lui-même, ne peut l'être aux tiers créanciers. Mais cette solution est contredite par tous les textes cités plus haut, et par l'esprit de la loi.

En effet, tout ce que décide cette loi, c'est qu'un créancier, pour libérer le gage qui se trouve aux mains d'un autre créancier, n'est pas tenu de lui payer, avec la créance garantie par le gage, les autres créances purement chirographaires qu'il a contre le même débiteur. Mais si ce créancier, qui veut poursuivre la vente du gage ou se faire subroger aux droits du créancier antérieur, est tenu de rembourser la créance remboursée par le gage, comme le débiteur lui-même, n'est-il pas évident que le droit de rétention lui est opposable dans une certaine mesure?

D'ailleurs cette constitution renferme une exception à un double point de vue: En premier lieu, elle ne suppose nullement le détenteur créancier à raison de la chose, tandis que cette condition est toujours supposée implicitement par les jurisconsultes romains.

La même loi renferme une seconde exception en refusant au détenteur le droit d'exercer, vis-à-vis des tiers, le droit de rétention qu'il peut cependant opposer au débiteur. Or, Cujas fait observer, avec raison qu'on ne pourrait trouver aucune autre constitution, ni même aucun principe juridique qui consacre une semblable règle : *Similis alia constitutio, vel juris auctoritas, quæ idem statuat, nulla est.*

Cette dérogation s'explique fort bien. Que le créancier gagiste demeure nanti vis-à-vis des autres créanciers, pour la créance garantie par le gage, rien de plus juste, assurément. Les tiers ont été avertis de l'existence de cette créance par la possession même du gage, et ils doivent respecter cette possession en ce qui la concerne. Mais accorder au détenteur le même droit pour des dettes purement chirographaires, que les tiers n'ont pu connaître, ce serait les tromper cruellement, et porter atteinte, en définitive, au crédit public.

Vis-à-vis du débiteur, sans doute, il n'existe qu'une seule créance privilégiée permettant de faire vendre le gage; mais quand le débiteur, qui paye la dette garantie par ce gage, réclame la chose qui en fait l'objet, sans offrir en même temps le payement des autres sommes, il doit être repoussé avec raison. Car, dit Cujas, le débiteur qui réclame son gage sans payer les deux dettes, semble ne faire le paiement que pour recouvrer sa chose ou parce qu'il y est contraint par les conséquences du droit de gage. Sa prétention fait penser ainsi qu'il n'a point l'intention d'acquitter la seconde dette, et la loi voit dans sa conduite un dol qu'elle veut réprimer. Mais cette mesure de rigueur est toute exceptionnelle : c'est une simple peine infligée à la mauvaise foi du débiteur. Quant aux tiers créanciers, aucun dol ne peut leur être reproché. Aussi la loi restreint-elle cette disposition aux rapports existant entre le créancier et le débiteur. Il convient donc de restreindre cette exception au cas qu'elle a prévu spécialement (1).

La constitution de Gordien, ainsi interprétée, ne présente aucune antinomie avec les textes que nous avons étudiés plus haut, et qui établissent d'une manière indubitable la faculté pour le créancier nanti d'opposer son droit de rétention aux tiers créanciers, tandis que, dans le système contraire, il est impossible d'expliquer la contradiction qui existe entre ces lois et la constitution dont nous donnons la seule interprétation raisonnable.

(1) Cujas *ad legem unic. etiam ob chirog. pec.* C. — Brunemann, *ad eamdem legem.* — Perezius, *eodem.*

CHAPITRE IV.

PRINCIPAUX CAS DANS LESQUELS S'EXERCE LE DROIT DE RÉTENTION.

SECTION I.

Rétention du gagiste.

25. Le gage est l'affectation exclusive de la chose du débiteur au paiement d'une dette. La garantie réelle qui résulte du gage suppose que le débiteur s'est dessaisi de la chose affectée au paiement, en faveur du créancier. L'étymologie du mot *pignus*, telle que nous l'indique Gaïus, et la place que le gage occupe dans la catégorie des contrats réels, tout nous confirme qu'il en était ainsi le plus souvent. Mais il pouvait en être autrement; la possession de la chose n'est pas indispensable pour l'exercice du droit de gage: c'est ainsi que le créancier confiait souvent la chose engagée à titre précaire à son débiteur.

26. Le contrat de gage a varié suivant les diverses époques de la législation romaine. Dans l'origine, le débiteur aliène la chose au créancier par *mancipatio*, ou au moyen de l'*in jure cessio*, en faisant un contrat de fiducie, par lequel le créancier s'engageait à rendre la chose quand il aurait été désintéressé.

Cet usage subsistait encore du temps de Paul et de Gaïus (Gaïus, II, § 60. — Paul. *Sent.*, II, 13, § 1 à 7).

Les inconvénients de ce système le firent abandonner, et dans le dernier état du droit romain, le débiteur se contenta de transférer, non plus la propriété, mais la simple possession de la chose.

27. Toute obligation civile ou naturelle pouvait être garantie par un droit de gage. De même, tout objet dans le commerce, meuble ou immeuble, chose corporelle ou incorporelle, pouvait être donné en gage. Il n'était fait d'exception, à cet égard, que pour les servitudes urbaines, les esclaves, les animaux et les instruments d'agriculture (L. 18, *pr.*, et § 1, *de pign. act.* D.—L. 7 et 8, *quæ res pign.* C.—L. 11, § 3, *de pign. et hypoth.* D.).

L'affectation d'un immeuble en gage prit le nom spécial d'antichrèse, qui diffère du gage proprement dit, en ce que les fruits produits par la chose n'appartiennent pas au débiteur, mais au créancier qui les impute sur les intérêts et même sur le capital de sa créance. Toutefois, le droit romain permettait même de les acquérir en totalité, en les compensant seulement avec les intérêts, encore bien qu'ils fussent supérieurs au taux de l'intérêt légal. Quant aux choses incorporelles, et notamment les créances, un droit d'usufruit, l'intervention du préteur fut nécessaire pour rendre efficace la constitution du gage, au moyen d'une exception (L. 11, § 1 et 2, *de pign. et hypoth.* D.).

28. Le gage confère au créancier trois facultés principales : 1° Le droit de faire vendre la chose pour être payé sur le prix par préférence aux autres créanciers. Ce droit fut plus ou moins étendu suivant les époques. Au temps du contrat de fiducie, le créancier a la liberté complète de vendre. Plus tard, le créancier ne peut le faire sans qu'une clause expresse du contrat lui confère ce droit. Mais, avec le temps, cette convention fut toujours supposée, et le créancier put poursuivre la vente, malgré toute clause contraire, après trois dénonciations adressées au débiteur pour le mettre en demeure de payer sa dette (1). 2° Le droit de suite contre les tiers possesseurs, au moyen de l'action Servienne et des interdits possessoires (4). 3° Le droit de rétention dont nous devons nous occuper spécialement.

29. Le droit de rétention est une garantie tout à fait distincte de l'action *pigneratitia*, et qui résulte rigoureusement de la possession du gage. Le débiteur ne peut donc enlever l'objet qu'il a livré à son créancier, à l'insu et sans le consentement de ce dernier; il commettrait un vol : *Qui rem pignori dat, cam-*

(1 L. 4, *de pignerat. act.* D. 13, 7. — L. 3, § 1, *de jure domin. impetr.* C.

(2) L. 35, § 1, *de pigner. act.* D. 13, 7. — L. 16, *de usurp. et usucap.* D. 41. 3.

que subripit, furti actione tenetur (L. 19, § 7 *de furtis*. — L. 1, *pr. de pignor. et hypoth.* D.).

Nous avons vu déjà (n° 10) les différences qui séparent ce droit du droit de gage proprement dit : si celui-ci renferme toujours le premier, il peut se faire aussi que le droit de rétention existe sans droit de gage. Et c'est alors surtout qu'il offre une précieuse ressource au gagiste, en suppléant à l'insuffisance des voies d'action que permet le droit rigoureux.

30. Le droit de conserver la possession de la chose subsiste jusqu'à ce que le créancier soit payé intégralement. Ne restât-il dû que la plus minime partie de la dette, il peut repousser par l'exception de dol, l'action *pigneratitia directa* intentée par le débiteur pour reprendre sa chose. Le créancier n'avait même que ce simple droit de rétention pour assurer le paiement de sa créance, lorsqu'à une époque inconnue, le contrat *de pignus* proprement dit remplaça le contrat de fiducie : de sorte qu'il voyait son droit disparaître avec la possession. Mais plus tard on lui reconnut le droit de suite et la faculté de faire vendre le gage.

31. Le droit de rétention assurait encore au créancier le remboursement des dépenses nécessaires faites sur la chose, par exemple des dépenses pour guérir un esclave malade (l. 8. *pr. de pignor. act.* D.). Bienplus, la loi lui accorde même l'action *pi-*

gneratitia contraria pour se faire tenir compte de ces impenses, au même titre que le capital. De sorte que le droit de gage avec toute ses conséquences : droit de suite, droit de faire vendre la chose, protège cette créance. Mais la même prérogative ne lui appartiendrait pas pour de simples dépenses utiles. Si la chose avait péri, l'action *pigneratitia contraria*, lui servirait encore pour réclamer ces dépenses. Il en serait de même s'il avait perdu la possession du gage : il pourrait la recouvrer à l'aide du même moyen, afin d'exercer le droit de rétention.

32. Le droit de rétention est non-seulement utile au créancier, en ce qu'il contraint indirectement le débiteur à exécuter son obligation par la privation de la jouissance de sa chose, mais encore par l'obstacle qu'il met à toute disposition qu'il voudrait en faire. Vainement la vendrait-il, ou la léguerait-il à un tiers, ni le legs, ni la vente faite par le débiteur ne peuvent empirer la position du créancier. Ce dernier pourrait toujours refuser la délivrance de la chose à l'acheteur ou au légataire : « Si fundus « pignoratus venierit, manere causam pignoris. » De même la vente que ferait du gage un simple créancier chirographaire, ne pourrait nullement faire disparaître son droit de gage (l. 18 § 2. *de pign. act.* D. l. 17 *de dist. pign.* C.)

33. Cependant il ne serait pas permis au créan-

cier de retenir le gage dont la constitution est viciée. Tel serait le cas où le débiteur aurait donné en gage la chose d'autrui : car le débiteur qui affecte au payement de sa dette une chose doit avoir au moins cette chose *in bonis*. Mais si plus tard, le débiteur devient propriétaire de la chose; le vice qui infecte le contrat de gage se trouve-t-il purgé? Si le créancier a ignoré que la chose appartenait à un autre que son débiteur, le droit de rétention, ainsi que l'action (réelle) utile du gage, lui appartiennent sans aucun doute. Mais s'il a su que son débiteur n'avait aucun droit de propriété sur la chose, on pourrait volontiers lui refuser la même faveur. Néanmoins, même dans cette hypothèse, quelques interprètes lui accordent encore l'action *utilis pigneratitia* pour réclamer la possession de la chose en vertu du droit de gage. Et s'il se trouve nanti, on lui reconnaît sans difficulté le droit de rétention : *sed facilior erit retentio* (l. 1, pr. *de pign. et hypoth.* D.). Mais il en serait autrement si la nullité du gage était radicale et ne pouvait être effacée, comme si l'on avait donné en gage des biens dotaux : dans ce cas, le créancier n'aurait évidemment ni action ni droit de rétention (1).

34. Outre les cas que nous avons signalés, il en est encore d'autres où la créance du gagiste trouvera

(1) Cujas, *Comment. in codic.* L. VIII, T. 15, *si aliena res pignori.* — Voët *ad Pand.* L. 20, T. 3, *quæ res pignori*, n° 4.

une garantie précieuse dans le droit de rétention.

C'est ainsi que nous avons vu déjà (n° 18 et 19) que si un débiteur a donné la même chose en gage à deux créanciers, chacun pourra bien exercer l'action Servienne pour le tout; mais la possession du gage donnera au créancier nanti le droit de conserver la détention de la chose vis-à-vis des autres créanciers gagistes, et de s'opposer ainsi à ce qu'elle soit vendue par eux, jusqu'à ce qu'il soit payé de tout ce qui lui est dû (l. 10, *de pign. et hypoth.* D.).

Nous avons vu pareillement que le droit de rétention peut garantir le paiement d'une simple dette chirographaire contractée envers un créancier déjà nanti d'un gage affecté d'une manière spéciale au recouvrement d'une autre créance (l. un. C. *et. ob chirog. pec.*).

Enfin le droit de rétention offre encore une grande utilité au créancier dans l'espèce suivante : L'ami d'un débiteur absent a géré les affaires de ce dernier : il a payé ses dettes et libéré ses gages, sans toutefois s'en rendre acquéreur, et sans prétendre succéder aux droits des créanciers qu'il a désintéressés. Mais s'il est en possession, il pourra assurer son remboursement en exerçant le droit de rétention sur les objets qu'il a libérés, jusqu'à ce qu'il ait été payé de ses déboursés par le débiteur qui vient lui réclamer sa chose (l. 1, *quibus modis pign.* D.) La loi 65, *de rei vindicatione*, nous offre un exemple analogue.

SECTION II.

Rétention du dépositaire.

35. Le dépôt est la remise d'une chose à quelqu'un pour la garder. Le dépositaire est tenu de la conserver et de la rendre au déposant à sa première réquisition, y eût-il convention contraire; car le terme est toujours supposé en faveur du déposant.

36. Le dépositaire n'est tenu que du dol. Mais s'il en est coupable, l'action *depositi directa*, au moyen de laquelle le déposant réclame sa chose, a pour résultat de le faire noter d'infamie. De son côté, le déposant est tenu de rembourser au dépositaire les dépenses faites pour la conservation de la chose, telles que celles faites pour nourrir un esclave ou un cheval mis en dépôt. Le déposant doit aussi l'indemniser du préjudice souffert à l'occasion du dépôt. Le dépositaire pour rentrer dans ses déboursés a l'action *depositi contraria* (l. 5, pr. *depositi*. D.).

37. Le dépositaire ne peut, sous aucun prétexte, opposer la compensation et retenir le dépôt en paiement de la créance qu'il peut avoir contre le déposant. Justinien s'est montré à cet égard de la plus grande rigueur : « Si quis vel pecunia, vel res quas-« dam per depositionis acceperit titulum, eas volenti « ei qui deposuit, addere illico modis omnibus com-

« pellatur; nullamque compensationem, vel deduc-« tionem, vel doli exceptionem opponat... cum « non sub hoc modo depositum acceperit, ut non « concessa ei retentio generetur, et contractus qui ex « bona fide oritur ad perfidiam retrahatur (l. 11, *de-positi*. C.). La législation romaine attache ainsi plus d'importance à la restitution du dépôt et à la fidélité du dépositaire, qu'à la conservation de la chose elle-même.

38. L'exception de dol étant la forme ordinaire au moyen de laquelle on oppose le droit de rétention, il semblerait dès lors que le dépositaire qui a fait des dépenses sans lesquelles la chose déposée eût péri, n'aurait plus que la ressource de l'action *depositi contraria*. Et c'est là, en effet, ce qu'admettent Voët et Donneau (1).

Mais il est fort à croire que cette constitution a seulement pour objet d'interdire la compensation, quand on voit le législateur insister et nous dire que même dans le cas où le dépôt consiste, de part et d'autre, en une somme d'argent, la compensation est impossible : *nec in hoc casu compensationis præ-peditio oriatur*. Il est vrai que la phrase précédente parle de rétention. Mais cette phrase générale et obs-cure peut s'expliquer par la suivante qui est beau-

(1) Voët, *ad Pandect. de compensat.* l. XVI. t. 2, nº 15. — Donneau *ad leg.* 11, C. *deposit.* 4. 34. — Nº 8 et 9. —

coup plus claire, et il est permis de dire que la loi n'a pas eu en vue de prohiber la rétention temporaire de la chose ; mais cette rétention qui consisterait à garder la propriété du dépôt elle même, en paiement de la créance : chose beaucoup plus grave assurément, que le droit de rétention proprement dit.

D'ailleurs, supposé même que cette constitution ait pour objet de supprimer le droit de rétention tel que nous l'étudions ici, la généralité de ses termes indique suffisamment, il nous semble, que Justinien n'a voulu priver le dépositaire du droit de retenir le dépôt que pour une créance étrangère à l'objet déposé. Un créancier ne peut, en effet, recevoir un dépôt et refuser ensuite de le restituer sous le prétexte qu'il lui est dû quelque chose par le déposant. On ne se crée point un gage par surprise. La loi voit là un moyen peu délicat, et en quelque sorte une fraude employée par le dépositaire pour rentrer dans sa créance, et elle a voulu l'interdire d'une manière absolue Le détour employé par le dépositaire créancier, la violation de la foi jurée, puisqu'il avait promis de restituer sans réserver ses droits nés antérieurement au dépôt, et l'intention même du législateur, nous sont suffisamment révélés par les termes de la constitution : « *cum non sub hoc modo depo-* « *situm* acceperit, ut non concessa ei retentio gene- « retur, et contractus qui ex bona fide oritur *ad* « *perfidiam* retrahatur. »

Mais quand la rétention de la possession est exercée pour des dépenses faites pour la conservation de la chose, et pour une créance née à l'occasion même du dépôt, aucune atteinte n'est portée à la bonne foi du contrat, aucune infidélité n'est commise, puisque sans ces dépenses la chose n'existerait plus, et qu'il ne saurait être question de la restituer.

Il est au pouvoir du déposant de réaliser la condition sous laquelle le dépositaire offre de restituer le dépôt, et rien ne peut légitimer son refus d'acquitter sa dette.

Autrement sous le prétexte d'assurer l'exécution du contrat de dépôt, on retomberait précisément dans cette fraude, (*perfidia*). que le législateur a voulu réprimer. La position du déposant serait, en effet, trop favorable : on lui garde sa chose gratuitement, on le délivre de beaucoup de soins et d'embarras ; le dépositaire fait pour conserver la chose des dépenses que le déposant eût faites lui-même s'il fût resté en possession. Puis au jour que ce dernier choisira lui-même, il rentrera en possession, sans avoir rien à payer préalablement au dépositaire. Ce dernier demeurerait ainsi exposé sans garantie à l'insolvabilité et à la mauvaise foi du déposant. Or, l'équité ne peut admettre un pareil résultat ; sinon l'acte de bienfaisance du dépositaire deviendrait pour lui une occasion de perte, ce que les jurisconsultes refusaient d'admettre depuis longtemps : « multo

« tamen æquius esse, nemini officium suum, quod « ejus, cum quo contraxerit, non etiam sui com- « modi causa susceperat, damnosum esse. (L. 61 § 5, *de furtis*. D.)

D'ailleurs, on ne peut accorder au dépositaire moins de droit qu'au commodataire qui, à l'inverse du premier, reçoit un service, et auquel néanmoins on reconnaît généralement le droit de rétention sur la chose prêtée.

Telle est l'opinion de la plupart des interprètes du droit romain (1). Brunemann va même jusqu'à dire que par cela seul que le dépositaire a l'action *depositi contraria* pour réclamer ses impenses, il peut exercer le droit de rétention pour le même objet : *Quidquid enim contrario judicio peti potest, id conventus directa actione retinere potest.*

39. Toutefois ce que nous venons de dire doit être entendu dans une certaine mesure : ce n'est que pour les dépenses nécessaires, ayant assuré la conservation de la chose, que le droit de rétention est accordé. Il ne faut pas que le propriétaire de l'objet déposé puisse, malgré lui, être forcé de supporter des dépenses simplement utiles et d'amélioration, qu'il n'entrait point dans ses projets d'effectuer. Vinnius lui refuse même le droit de les ré-

(1) Vinnius, *Quæst. select.* L. 1, ch. 51. — Pothier, *du Dépôt*, n. 59 et 70. — Despeisses, *du Dépôt*, § 27.—Brunemann, *ad leg.* 25, *Depositi*, D.

clamer par l'action *depositi contraria* (*Quest. select.* L. 1, cap. 51).

40. Ajoutons enfin que si la chose déposée est frugifère, le dépositaire doit imputer sur ces impenses la valeur entière des fruits qu'il a perçus. Car le dépôt étant un contrat à titre gratuit, ne peut être pour lui une occasion de bénéfices (Poth., *du Dépôt*, n° 73).

SECTION III.

Rétention du commodataire.

41. Le commodat est un contrat de bienfaisance par lequel une chose est remise à une personne, pour en retirer un certain usage, à la charge de la restituer à une époque déterminée. Le propriétaire a l'action en revendication pour reprendre sa chose à l'expiration du terme convenu. A-t-elle péri, ou s'est-elle détériorée, il peut exercer contre l'emprunteur l'action personnelle *commodati directa.*

De son côté, le commodataire, auquel la chose prêtée a causé un dommage, ou qui aura fait des dépenses pour sa conservation, peut réclamer une indemnité ou ses dépenses par l'action *commodati contraria.*

Cependant, il ne peut se faire tenir compte de toute espèce de dépenses. Il y a lieu de distinguer sur ce point : Le commodataire, retirant un avantage de la chose prêtée, est tenu des impenses nécessaires pour l'usage qu'il veut obtenir, et qui résultent de la détention même de la chose. Ces dépenses sont suffisamment payées par le service qu'il en retire; telles seraient les dépenses de nourriture d'un cheval ou d'un esclave : « Nam cibariorum impensæ nomine naturali scilicet ratione ad eum pertinent qui utendum accepisset (L. 18, § 2, *commod.* D.).»

Quant aux dépenses extraordinaire, et qui ont assuré la conservation de la chose, par exemple, nous dit Gaïus, celles qui ont été faites pour la guérison d'un esclave malade, ou pour ramener celuï qui s'est enfui, le commodataire doit les faire sans doute, puisque la loi du contrat l'astreint à toute la vigilance du père de famille le plus diligent (1); mais il pourra en réclamer le remboursement au prêteur, sans que ce dernier puisse s'en décharger en abandonnant la chose, ou sous le prétexte que la chose a péri par cas fortuit.

Dans cette dernière hypothèse, ou si l'indemnité et les dépenses sont supérieures à la valeur de la chose prêtée, ou bien encore si le commodataire s'est déjà dessaisi, l'action *commodati contraria* sera la seule voie offerte à l'emprunteur pour être indemnisé. Mais dans tous les autres cas, il pourra prendre la voie plus simple de la rétention, et refuser la restitution de la chose, jusqu'au paiement intégral des indemnités qui lui sont dues.

(1) L. 5, § 15, *commod* D.

42. Deux lois au Digeste consacrent de la manière la plus formelle ce droit du commodataire. C'est ainsi qu'il était admis, qu'en principe le commodant ne pouvait être poursuivi par l'action *furti*, pour avoir enlevé la chose prêtée au commodataire. Mais il en était autrement, si ce dernier eût pu opposer le droit de rétention au prêteur à raison des impenses nécessaires faites sur la chose. Dans ce cas, l'action *furti* pouvait être censée exercée pour lesdites dépenses : « Nam eo casu quasi pignoris loco ea res « fuit » (l. 15, § 2.— l. 59. *de furtis*. D.).

43. En présence de textes aussi formels, il semble qu'il ne devrait y avoir aucune difficulté sur ce point. Cependant Voët, (*commodati*, n° 10) a soutenu que le droit de rétention aurait été enlevé au commodataire par une constitution de Dioclétien dont voici les termes : « Pretextu debiti restitutio commodati « non probabiliter recusatur (l. 14, § 1, *de compensat*. C.).

Suivant Brunemann, ce texte interdit seulement au commodataire la faculté d'opposer la compensation, par la raison que sa créance ne se trouve point liquide. Cujas, rejetant cette idée, déjà émise par Accurse, va jusqu'à voir une erreur de Tribonien dans l'emploi du mot *commodati*, mis par mégarde, selon lui, pour celui de *commendati*, synonime de dépôt : car nous avons vu que la compensation est interdite en matière de dépôt.

Quoiqu'il en soit de cette interprétation, tous les commentateurs, et Cujas lui-même, s'accordent à dire que la constitution de Dioclétien n'a point pour objet de supprimer le droit de rétention qui garantit au commodataire la paiement de ses impenses nécessaires faites sur la chose prêtée. Il est difficile, en effet, d'admettre que cette constitution ait le sens absolu qu'on a voulu lui attribuer. Rien ne peut nous donner la certitude qu'elle entende parler d'une dette née à l'occasion de la chose et corrélative avec la créance du prêteur. La généralité de ses termes : ***pretextu debiti***, nous donne, au contraire, de grandes raisons de penser que le commodataire veut se prévaloir d'une créance quelconque et étrangère au prêt, pour se faire un gage de la chose prêtée. Le législateur a considéré, sans doute, que la loi du contrat serait violée, si le commodataire, qui reçoit un bienfait, pouvait, par surprise, en obtenant la possession de la chose, forcer le commodant à acquitter une dette pour laquelle ce dernier n'avait voulu donner aucune garantie spéciale. Sinon le contrat tournerait contre le prêteur, qui serait victime d'un acte de bienfaisance. Enfin quoi de plus formel que les deux lois citées plus haut? Un texte ambigu dans ses termes peut-il faire croire d'une manière certaine à un changement dans la législation ? Expliquons donc le texte obscur par les lois qui ne laissent place à aucun doute, et disons avec tous les interprètes que la constitution de Dioclétien ne consacre nullement la suppression absolue du droit de rétention du commodataire (1).

44. Cela nous conduit naturellement à nous demander si le commodataire peut retenir la chose prêtée en compensation de ce qui lui est dû. Jusqu'à Justinien la négative n'était pas douteuse, par la raison que dans les actions de bonne foi les deux dettes devaient naître *ex eadem causa*, pour que la compensation fût admissible.

Sous Justinien la compensation ne pouvant avoir lieu qu'autant que les deux dettes sont liquides et exigibles, et la valeur de la chose prêtée étant incertaine, la compensation ne pouvait évidemment être admise, puisque la première de ces conditions faisait défaut. Mais si l'objet du contrat consistait dans une somme d'argent prêtée *ad ostentationem* et que le prêteur devînt lui-même débiteur d'une somme d'argent il n'y a plus d'obstacle à la compensation : Justinien ne refuse en effet le bénéfice de la compensation qu'au dépositaire, et il faut assurément restreindre cette exception dans ses termes, avec d'autant plus de raison que le légis-

(1) Pothier, du prêt à usage, nos 43,44 et 82. — Despeisses. Du commodat, no 4, 7°, n°5.2o. — Vinnius, Quest. select., l. I, cap. 51. — Brunemann. Comm. ad leg. 18, commod. D. — Cujas, Recitat. solemnes in codicem, l. IV, t. 23, *de commod.* — Recit. priores in codic. *de commod.* l. IV, t. 23.

lateur s'exprime à ce sujet à deux reprises. (l. 14 pr. et § 1. *de compens.* C. *Inst.* § 30, *de actionibus*). D'ailleurs il était dans l'esprit de la loi romaine d'exiger la fidélité la plus rigoureuse de la part du dépositaire. Cette rigueur dans un contrat tout de confiance, explique l'exception établie par Justinien, qui voit quelque chose d'odieux, de contraire à la bonne foi : *satis impium*, dans le fait d'opposer la compensation au déposant.

Mais un pareil bénéfice n'étant pas interdit au commodataire, nous devons admettre qu'il peut opposer la compensation au prêteur, quelle que soit la cause d'où procède la créance, toutes les fois d'ailleurs que les conditions auxquelles la compensation est subordonnée se rencontreront. De même, si l'objet prêté vient à périr ou à se détériorer par la faute du commodataire, et que ce dernier soit condamné à en payer la valeur totale ou partielle, il pourra encore opposer la compensation, puisque par la condamnation qu'il a subie, la dette du commodataire se trouve liquidée. (1)

—Le précaire offre la plus grande analogie avec le commodat. Dans ce contrat, le propriétaire peut à son gré révoquer la concession qu'il a faite de la chose. Mais si le concessionnaire a fait des dépenses

(1) L. 18 § 4 *commod.*. D. 13. 6. Pothier : du prêt à usage nº 44. — Despeisses, du commodat, nº 4. 7°. — Cujas, Recitat. solemnes *in codicem. de commodato.* L. 4, T. 23

de conservation, il pourra, comme le commodataire, retenir la possession jusqu'à son remboursement. S'il a déjà restitué, il recouvrera ses avances par l'action de gestion d'affaires, ou l'action *prescriptis verbis*.

SECTION IV.

Rétention de l'héritier.

45. La loi Falcidie assurait à l'héritier institué un quart de l'hérédité, quelle que fût l'étendue des libéralités faites par le défunt dans son testament.

La disposition de cette loi est très énergique. Quand le testateur a légué plus des trois quarts de l'hérédité, l'héritier n'avait pas seulement, comme chez nous, une simple action en réduction : la loi l'opérait elle-même, *ipso jure*, de telle sorte que le légataire eût encouru la plus-pétition, s'il eût réclamé tout ce qui lui avait été légué (l. 73 § 5, *ad leg. Falcid.* D)

46. Pour connaître si l'héritier avait au moins le quart de l'hérédité, on éliminait, avant tout calcul, les dettes du défunt, les frais funéraires et la valeur des esclaves affranchis. Ce qui lui restait était-il inférieur au quart de la masse de l'actif ainsi établi; il pouvait refuser aux légataires une délivrance complète de leur legs.

Si le testateur a institué plusieurs héritiers, chacun

d'eux a droit au quart de sa portion, de sorte qu'il peut arriver qu'il n'y ait lieu d'appliquer la loi Falcidie que pour un seul héritier.

De même, s'il existe plusieurs légataires, la réduction s'opérera sur chaque legs, proportionnellement à sa valeur, à moins que le testateur n'ait indiqué lui-même les parts qui devront être diminuées les premières. Bien plus, la réduction devra s'opérer sur chacun des objets qui composent le legs. Car par suite de la diminution opérée *ipso jure* sur chaque legs, chacun de ces objets se trouve par là même indivis entre le légataire et l'héritier.

47. Toutefois, la mise en action du droit de l'héritier varie suivant que le legs sujet à réduction se compose de choses divisibles ou indivisibles.

A l'égard des premières, aucune difficulté n'existe. La réduction s'opérera en nature, et l'héritier retiendra un quart de chacun des objets composant le legs, ou fera, s'il y a lieu, procéder à un partage, par l'action *communi dividundo* (l. 1, § 9, *ad leg. Falcid.* D. l. 8, § 1, *communi divid.* D.).

A proprement parler, la rétention exercée dans ce cas par l'héritier constitue plutôt une simple déduction, ou ce que les commentateurs ont appelé une *retentio juris*, puisque l'héritier conserve entre ses mains la propriété même d'une partie de la chose léguée.

48. Mais il en sera autrement si la réduction porte

sur une chose indivisible. L'héritier exerce alors un véritable droit de rétention sur la possession de l'objet du legs. Dans ce cas, en effet, toute la chose léguée appartient au légataire. Mais quand ce dernier viendra la réclamer, l'héritier lui opposera l'exception de dol et refusera de s'en dessaisir jusqu'à ce qu'on ait estimé la valeur entière du legs, et qu'on lui en ait remboursé le quart. L'héritier obtient, dans ce cas, sa quarte en valeur seulement et non en nature. C'est ainsi qu'on sera tenu de procéder pour le legs d'une servitude de passage, des travaux d'un esclave, et de l'exécution d'un travail quelconque (l. 7, — l. 26, § 1, — l. 1, § 9, — l. 80, § 1, *ad leg. Falcid.* D.).

Nous trouvons un exemple de ceci dans l'espèce suivante : Le défunt a légué un fonds avec une servitude de passage sur un autre fonds de l'hérédité. La servitude étant indivisible, il est impossible d'en retenir une partie, sauf à parfaire la réserve, en retenant une portion du fonds. Les jurisconsultes ont prévu la difficulté : On estimera d'abord la valeur de la servitude; la réduction à opérer par l'héritier est-elle supérieure à cette valeur, l'héritier retiendra la servitude et une partie du fond ; la valeur de la quarte est-elle au moins égale à celle de la servitude, le legs de cette servitude sera encore inutile. Mais si la quarte était inférieure à l'estimation de la servitude, on ne pourrait procéder ainsi. Alors, comme dans tous les cas où l'objet légué est une chose indivisible, la servitude appartiendra au légataire qui sera tenu seulement de payer en argent la valeur de ce qui manque à l'héritier. Mais ce dernier pourra retenir la servitude jusqu'au paiement de cette valeur (l. 23, — l. 49, § 1, *ad leg. Falcid.* Dig.).

Si plusieurs objets avaient été légués à une seule personne, et que l'héritier en ait livré quelques-uns, il semblerait que, la diminution ayant lieu sur chacun *ipso jure*, il ne pourrait plus exercer le droit de rétention sur les autres objets demeurés en sa possession. Cependant la loi ne va pas jusque là. Mais la déduction n'aura plus lieu de plein droit sur ces objets : l'héritier ne pourra effectuer lui-même le prélèvement comme dans les autres cas. Il ne jouit plus que d'un simple droit de rétention ordinaire, qu'il exercera à l'aide d'une exception de dol (l. 16, *ad leg. Falcid.* D.). Toutefois, le légataire aurait la faculté de restituer sur les objets déjà livrés, la portion nécessaire pour compléter la quarte, afin d'empêcher ainsi une déduction plus élevée sur les objets dont la tradition n'a pas été effectuée.

49. La perte de la possession éteint, en principe, le droit de rétention de l'héritier. Mais bien que les choses léguées se trouvent déjà entre les mains des légataires, l'héritier n'est pas toujours privé de toute ressource pour faire opérer la réduction des legs.

Il importe de distinguer à cet égard si le légataire possède avec ou sans le consentement de l'héritier :

Possède-t-il sans son consentement, ou même avec son consentement, mais avant l'adition de l'hérédité, il est permis à l'héritier de recouvrer la possession, soit à l'aide de l'interdit *quod legatorum*, soit au moyen d'une *rei vindicatio* de la quarte ou d'une partie seulement (l. 26 *ad leg Falcid*. D.) Le légataire possède-t-il, au contraire, avec le consentement de l'héritier qui a fait adition et lui a délivré sans déduction tous les objets légués, aucune réclamation ne compète à ce dernier, s'il savait que l'hérédité était insuffisante pour payer tous les legs, ou s'il n'avait pas connaissance du bénéfice que la loi Falcidie lui conférait. Mais si c'était par suite d'une erreur de fait, sur la valeur et la consistance des biens de la succession, que l'héritier a fait la délivrance des legs sans aucune réserve, il lui serait permis de réclamer par la *condictio indebiti* tout ce qu'il a payé au-delà des trois quarts de la succession (1). Il aurait même, dans ce cas, le droit de répéter la possession de l'hérédité, afin de pouvoir opposer l'exception de dol au légataire, quand il viendra réclamer l'objet légué (2). Enfin l'héritier

(1) L. 1, § 11 ad leg. Falcid. D. l. 4 et 9 § 5 de juris et de fact. ignor. D

(2) L. 21 ad sc. Trebell. D.

pourrait agir par l'action de dol, si le paiement des legs avait été le résultat de manœuvres déloyales, à l'aide desquelles le légataire l'aurait induit en erreur sur la valeur de la succession (l. 23, *de dolo malo*. D.)

Dans tous les cas, mais surtout quand les valeurs de la succession étaient inconnues, ou que le testament contenait des legs conditionnels, un moyen était offert à l'héritier d'éviter toute difficulté sur les voies de recours, en se faisant donner caution par le légataire pour l'obliger à restituer tout ce qu'il reçoit au-delà des trois quarts de l'hérédité.

50. L'héritier institué avait également un droit de réduction sur les fidéicommis, en vertu du sénatusconsulte Pégasien. Il l'exerçait, comme pour les legs, soit en retenant une quote part de la succession dont il se trouve nanti, soit en recouvrant la possession à l'aide de l'interdit *quod legatorum* ou de la *condictio possessionis hereditatis*. Il lui était aussi permis d'exiger du fidéicommissaire la même promesse qu'il se faisait donner par les légataires. Enfin Justinien reconnaît à l'héritier non seulement la faculté de retenir la quarte, mais encore le droit de la réclamer, de la faire compléter et même de la répéter s'il l'avait livrée imprudemment (*Inst.* § 7 *de fidecomm. heredit.*)

Quant aux biens ayant fait l'objet d'une donation à cause de mort, il est évident qu'ils ne pouvaient être retenus par l'héritier, qu'autant qu'ils n'avaient pas été livrés par le défunt. Dans le cas contraire, il n'avait plus que la ressource de revendiquer la quarte Falcidie.

51. Quelques legs privilégiés étaient soustraits à l'application de la loi Falcidie. Justinien alla plus loin dans sa novelle I. L'héritier ne put désormais réduire les legs quand le testateur le lui avait interdit, ou s'il avait omis de faire inventaire. Enfin, contrairement à la règle suivie par les Jurisconsultes, si l'héritier avait omis d'opérer la réduction de quelques legs, il ne peut plus l'exercer vis-à-vis des autres légataires ; leur position doit être égale.

SECTION V.

Rétention du mari sur la dot.

52. Le mari doit restituer la dot à la dissolution du mariage. Si la dot a été estimée, il rend la valeur en argent, et les objets eux même en nature, s'il n'y a point eu d'estimation. Il importe, toutefois, de distinguer, à cet égard, entre les diverses causes de dissolution du mariage.

Le mariage s'est-il dissous par le décès de la femme, le mari conserve la dot adventice toute entière, à moins que le constituant n'ait stipulé le retour; il restitue au contraire la dot profectice au père ou à l'ascendant qui l'a constituée. Mais l'entretien de la famille demeurant à sa charge, il lui est permis de retenir sur cette dot un cinquième par enfants, et cela *in infinitum*, de telle sorte qu'il gardera la dot entière s'il y a cinq enfants (1).

53. La dissolution du mariage a-t-elle lieu, au contraire, par la mort du mari ou par le divorce, cette faculté de retenir un cinquième de la dot, n'appartient plus au mari ou à ses héritiers. La femme réclame alors sa dot, quelle que soit son origine, par l'action *rei uxoriæ*, en agissant seule, si elle est *sui juris*, ou avec le concours de son père, si elle est en puissance de ce dernier. Cette action ne passe aux héritiers de la femme décédée avant de l'avoir exercée, qu'autant que le mari a été mis en demeure de restituer la dot, par une interpellation faite devant les magistrats (Ulp. *reg.* T. VI, § 6 et 7. — *Fragm. Vat.* § 112).

Le mari restitue la dot composée de corps certains immédiatement. Mais on lui accorde trois termes annuels pour restituer les choses fongibles. Outre le capital de la dot, il est tenu de restituer les fruits perçus depuis la dissolution du mariage. Quant à ceux de la dernière année, il ne peut les garder qu'à proportion du temps que le mariage a duré pendant cette année. Mais il lui est permis de prélever les

(1) M. Pellat. *De la dot*, p. 8.

dépenses de culture sur la portion de fruits qu'il restitue (l. 8, § 1, *soluto matrimonio* D.)

L'action *rei uxoriæ* qui compète à la femme est souvent paralysée ou compliquée par des droits de retenue accordés au mari. Ce dernier peut retenir une partie de la dot, pour cinq causes diverses : 1° *propter liberos*; 2° *propter mores;* 3° *propter impensas ;* 4° *propter res donatas ;* 5° *propter res amotas*.

La rétention *propter liberos* s'exerce dans le cas où le divorce a été causé par la faute de la femme ou de son père, ou lorsqu'aucun motif n'existant pour la rupture du mariage, la femme a envoyé le *repudium*. Cette retenue est d'un sixième de la dot par enfant, sans que le mari puisse jamais retenir plus de trois sixièmes. A l'inverse des autres cas, elle ne peut s'exercer que par voie d'exception et non par voie d'action directe.

La rétention *propter mores* est une peine infligée à l'inconduite de la femme. Elle est d'un sixième pour les fautes graves, d'un huitième pour les écarts légers. L'atteinte grave aux mœurs ne comprend que l'adultère : tous les autres écarts sont considérés comme fautes légères.

Ces deux premiers cas constituent, comme la retenue d'un cinquième par enfant sur la dot profectice, une véritable déduction en pleine propriété d'une partie de la dot, et non un simple droit de rétention sur la possession des objets qui la composent. Nous n'avons donc pas à nous en occuper.

Il en est différemment des autres cas de rétention du mari sur la dot. Nous allons les examiner plus en détail.

55. — § 1er. *Rétention* propter impensas. — Les impenses qui peuvent autoriser le mari à exercer la rétention de la dot, ne sont pas les frais d'entretien et de culture, lesquels sont une charge de l'usufruitier, mais les dépenses extraordinaires prises sur les capitaux. On en distingue trois espèces : 1° les dépenses nécessaires ; 2° les dépenses utiles ; 3° les dépenses voluptuaires.

56. 1° Les dépenses nécessaires sont celles qui ont conservé la chose dotale ou qui, du moins, l'ont empêché de subir de notables détériorations. Ces dépenses doivent être remboursées en totalité au mari. Bien plus, elles ont pour effet de diminuer la dot de plein droit, *ipso jure.*

Cette diminution ne s'opère pas sur chacun des corps certains qui composent la dot, mais sur la dot entière prise en bloc : « Non enim ipso jure corporum, sed dotis fit deminutio (1). » Les dépenses nécessaires n'ont pas enlevé à chaque fonds le caractère dotal, jusqu'à due concurrence ; elles ont seulement dimiuué sa valeur. La femme pourra donc,

(1) L. 5, *De impensis*, D.

en remboursant toutes ces dépenses au mari, recouvrer sa dot en entier. Mais jusque-là ce dernier pourra retenir le fonds pour assurer son paiement.

Toutefois, la dot sera réellemem diminuée quand elle se composera de choses fongibles, par exemple d'une somme d'argent. Le mari qui doit recevoir en paiement une valeur en argent, se trouvant nanti déjà, prélèvera sur les capitaux qu'il détient la valeur de ses impenses nécessaires. Il en sera de même quand il s'agira d'une dot estimée ; car, dans ce cas, le mari n'est plus débiteur que d'une valeur déterminée en argent.

Il existe même une hypothèse toute exceptionnelle, dans laquelle le fonds cesserait d'être dotal. C'est quand les dépenses nécessaires faites à diverses époques pour la conservation du fonds sont prises en totalité, supérieures à la valeur du fonds lui-même. Le mari pourrait alors en effectuer l'aliénation. Mais ce résultat n'est-il pas injuste, et sa femme ne pourra-t-elle pas recouvrer le fonds avec sa qualité de dotal en remboursant toutes les dépenses ? Le sens du texte est fort obscur sur ce point. M. Pellat, suivant en cela l'opinion de Gluck, admet cependant comme problable que le fonds qui a cessé d'être dotal, du moment que les impenses faites successivement ont égalé sa valeur, recouvre sa nature primitive, si la femme vient rembourser dans l'année les dépenses faites par le mari. Pendant ce délai, le mari ne pourra l'aliéner, mais l'année expirée, l'aliénation faite par lui sera irrévocable (1).

57. Du principe que la dot est diminuée de plein droit dès l'instant que les dépenses nécessaires ont été effectuées, résultent plusieurs conséquences :

1° Le mari peut réclamer tous ses déboursés, quoique les biens dotaux, sur lesquels ont été faites les dépenses nécessaires, aient péri par cas fortuit.

2° La convention par laquelle les époux seraient convenus, avant leur mariage et lors de la constitution de dot, que le mari ne pourrait répéter les impenses nécessaires, serait radicalement nulle.

3° Il n'est pas même permis au mari de faire à sa femme don de la valeur de ces impenses ; cette donation serait également sans valeur.

4° Enfin, le mari a-t-il restitué toute la dot sans déduire les sommes dépensées, on avait fini par admettre, après quelque controverse, qu'il pourrait les réclamer au moyen de la *condictio indebiti* (L. 5, § 2, *De impensis*. D.).

58. 2° Les dépenses utiles sont celles dont l'omission ne détériorerait pas la dot, mais dont l'exécution l'a rendue plus productive. Ces dépenses ne diminuent pas la dot de plein droit. Mais la loi permet au mari de la retenir pour garantir son rembourse-

(1) M. Pellat, sur la loi 56, § 3, *De jure dotium*. D.

ment, si toutefois il a fait ces dépenses avec le consentement de la femme. Car il ne pourrait se faire tenir compte de celles qu'il aurait effectuées contre la volonté ou à l'insu de sa femme, que si cette dernière possède d'autres biens non dotaux.

Du reste, dans l'un et l'autre cas, le mari ne jouit que du droit de rétention pour réclamer ses impenses utiles. A peine quelques auteurs lui accordent-ils une action *negotiorum gestorum*, pour les dépenses offrant une certaine importance et faites avec le consentement de la femme (L. 12, *De impensis*, D.).

Une profonde différence existe entre les dépenses utiles et les dépenses nécessaires : ces dernières, confèrent au mari une rétention de droit et se remboursent sur les objets qui la composent jusqu'à épuisement de la dot entière. Au contraire, les impenses utiles ne sont point payées sur la dot ; le mari n'exerce plus pour cette cause qu'une simple rétention de fait à titre de gage, sur les biens qui la composent.

Cette différence apparaît surtout d'une manière fort saisissante quand le mari lègue à sa femme sa propre dot : L'héritier du mari ne pourra point refuser la restitution de la dot entière, pour se rembourser des dépenses utiles. Car le mari testateur est réputé avoir voulu, par cette disposition, priver son héritier du droit de réclamer ces dépenses, pour lesquelles il ne lui est accordé qu'un droit de rétention ordinaire. — Mais s'il s'agissait de dépenses nécessaires, l'héritier pourrait retenir la dot, nonobstant le legs fait par le mari ; car ces dépenses ont diminué la dot *ipso jure*, même entre les mains du mari, et le représentant de ce dernier n'est tenu de restituer que ce qui constitue encore la dot, au moment où l'obligation de la rendre à la femme a pris naissance (L. 15, *de dote prælegata*, D.).

59. 3° Les dépenses voluptuaires n'ont servi ni à conserver, ni à améliorer la dot, mais seulement à lui donner de l'agrément. Le mari ne peut obtenir le remboursement de ces dépenses ni par voie de rétention, ni par voie d'action, alors même qu'il eût obtenu le consentement de la femme pour les faire. Il lui est permis seulement d'enlever les objets de pur agrément, sans détériorer le fonds dotal. Mais, même dans ce cas, la femme peut empêcher le mari de les enlever en offrant d'en payer la valeur (L. 9, l. 11, *pr. de impensis*. D.),

60. § 2. *Rétention* propter res donatas. — A une époque qu'on ne peut préciser, mais qui est postérieure à la loi Cincia (arg, § 302. *fr. Vat.*), les donations entre époux furent prohibées rigoureusement. Cette prohibition n'existait, au reste, que pendant les justes noces et seulement quand la femme n'était pas *in manu mariti*. Mais si une donation avait été faite par l'un des époux à l'autre contrairement à cette règle, et en dehors de certains cas privilégiés peu nombreux, la libéralité était radicalement nulle,

sous quelque forme qu'elle eût été faite : « Ipso jure nihil valet quod actum est (L. 3, § 10, *de donat. int. vir. et uxor.* D.).

Diverses actions sont accordées, suivant les cas, à chaque époux sans distinction, pour réclamer l'objet de la libéralité. Mais le mari jouit en outre du droit de retenir, à titre de gage, la dot de sa femme pour garantir la restitution des objets donnés. — Il lui est permis également de compenser en quelque sorte ce qui lui est dû avec ce qu'il doit restituer lui-même, en retenant sur la dot jusqu'à due concurrence la valeur des choses données, ou en précomptant cette valeur sur les fruits par lui perçus après le divorce L. 7, § 5, *de donat. int. vir. et uxor.* D.).

Le mariage dissous, le mari peut, sans aucun doute, renoncer à ce droit de rétention. Mais pendant le mariage, cette renonciation, constituant une libéralité indirecte, serait radicalement nulle.

L'héritier du mari prédécédé succéda aux droits de retenir la dot, à raison des donations prohibées faites par son auteur, tant que la règle qui déclarait ces donations nulles de plein droit, demeura en vigueur. Mais quand un sénatusconsulte de Caracalla eut toléré ces donations, en les rendant seulement révocables, ces libéralités furent à l'abri de toute attaque de la part de l'héritier du mari, si elles n'avaient pas été révoquées par ce dernier. De même, avant cette époque il ne lui était point permis d'exercer le droit de rétention quand la donation faite par le mari se trouvait au nombre des libéralités permises, ou quand ce dernier faisait à sa femme un legs pur et simple de sa dot (l. 2. *de act. rerum amotarum*. D.)

61 § 3. Rétention *propter res amotas*. — Si pendant le mariage, l'un des époux dérobait un objet appartenant à son conjoint, ce dernier pouvait, après le divorce, poursuivre ce détournement par l'action *rerum amotarum*, action civile qui obligeait l'époux poursuivi à restituer la chose dérobée ou à en rembourser la valeur au moment du détournement, telle qu'elle était fixée par le serment du demandeur.

Outre cette action qui était commune aux deux époux, le mari jouissait d'un bénéfice tout spécial dans le droit de rétention qu'il pouvait exercer sur la dot de sa femme, pour la contraindre par cette prise de gage à lui restituer les objets par elle détournés. On allait même jusqu'à lui permettre de retenir sur la dot des valeurs égales à celles qui lui étaient soustraites, ou de se rembourser au moyen des fruits perçus depuis la dissolution du mariage (l. 1 *de act. rer. amot*. C.)

Le mari peut renoncer au droit de rétention *propter res amotas*, ainsi qu'aux actions qui lui sont accordées pour le même objet. Mais cette renonciation n'est valable qu'après la dissolution du mariage. S'il était décédé avant d'avoir restitué la dot, son héritier succéderait au droit de retenir cette dot à raison des détournements opérés par la femme, aussi bien qu'au droit de réclamer par une action les objets détournés. Cette faculté lui appartiendrait même au cas où le mari aurait fait à sa femme un legs de la dot. Si un legs de cette nature empêche l'héritier d'exercer le droit de rétention à raison des choses données, c'est que le mari sait fort bien quelles donations il a faites à sa femme, et que s'il lui lègue sa dot sans aucunes réserves, il est censé avoir eu l'intention de lui abandonner aussi les choses dont il l'avait gratifiée de son vivant. Rien ne fait supposer, au contraire, qu'en léguant à sa femme sa propre dot, le mari ait voulu lui faire l'abandon irrévocable des objets détournés par elle, car il ignore peut-être ces détournements (1).

62. Telle était la législation romaine au temps des Jurisconsultes. Mais Justinien supprima tous ces divers droits de rétention sur la dot de la femme, sauf en ce qui concerne les dépenses nécessaires qui opèrent une diminution de plein droit. (l. *un.* § 5. *de rei uxor. act.* C.)

SECTION VI.

Rétention du constructeur sur le sol d'autrui.

63. Le droit romain semble admettre, en principe

(1) Cujas *ad leg.* 5 *de dote prælег.* D.

général, que les dépenses nécessaires et même les dépenses utiles donnent naissance au droit de rétention. Nous en avons déjà vu plusieurs exemples, et nous aurons lieu d'en signaler encore dans la section suivante. Mais il est un cas qui mérite une attention spéciale, tant à cause des controverses qu'il a fait naître, qu'à raison de l'importance de la créance de celui qui a fait les dépenses. Il s'agit du constructeur sur le sol d'autrui :

64. Titius possesseur du fonds de Séius, par une cause quelconque, a élevé des constructions et fait des dépenses de diverses natures sur ce fonds. Propriétaire du sol, Séius est devenu par cela même propriétaire de ces constructions ou améliorations, en vertu du principe : *Quod solo inœdificatur, solo cedit.* Il pourra donc réclamer par une seule action à la fois le sol et l'édifice. Mais pourtant il ne lui sera point permis d'évincer le possesseur sans lui tenir compte de ses impenses. Les jurisconsultes avaient proclamé depuis longtemps la règle d'équité qui a passé dans notre droit : « Jure enim æquum est, « neminem cum alterius detrimento et injuria fieri « locupletiorem. » (l. 206, *de regulis juris*. D.).

65. Sur ce point, il importe cependant de rappeler la division des dépenses que nous avons signalée déjà en matière de dot (n° 55). Les constructions et les autres travaux faits sur le sol d'autrui, constituent-ils des dépenses nécessaires, le possesseur

même de mauvaise foi, peut réclamer ses déboursés au propriétaire et retenir le fonds tant qu'il n'est pas indemnisé. Il n'est fait d'exception, à cet égard que pour le voleur ou le possesseur violent (l. 1, *de infant. expos.* C. — l. 13, *de condict. furt.* D.).

Mais quant aux autres dépenses, les jurisconsultes distinguaient si le possesseur était de bonne ou de mauvaise foi.

66. Supposons donc un possesseur de bonne foi qui a fait des dépenses utiles sur le fonds d'autrui, par exemple une construction. Sur ce point il n'existe aucune difficulté si le constructeur est en possession du fonds : Le propriétaire qui viendrait réclamer le fonds et les constructions sans tenir compte des dépenses faites par le possesseur serait repoussé par l'exception de dol. Le possesseur peut le contraindre ainsi à lui payer la plus-value ou le prix de la main-d'œuvre, s'il est inférieur à celui de la plus-value: il suffit, en effet, que le propriétaire du sol ne s'enrichisse pas aux dépens du constructeur (§ 30, *de divis. rerum. Inst.* — l. 38 et 48, *de rei vindicat.* — l. 7 § 12, *de adq. rer. dom. D.*)

Au moyen de l'exception de dol, le possesseur conservera donc la possession jusqu'à ce qu'il soit indemnisé, ou du moins ne sera condamné que déduction faite de la valeur des impenses. Cependant cette règle pourra être modifiée plus ou moins suivant les circonstances : le juge qui doit tenir compte de la position des parties et des faits de la cause : « qui varie ex personis causisque constituet, » devrait parfois permettre seulement au constructeur d'enlever ses matériaux (l. 38, *de rei vindicat.* D.).

67. Le § 30, *de divisione rerum*, aux Instituts, semble subordonner le recouvrement des impenses faites par le constructeur à la condition préalable de la possession. Mais que décider s'il n'a plus la détention du sol et des constructions? Ce point a donné lieu à une difficulté sérieuse. L'exception de dol est le seul moyen qui soit offert au constructeur pour rentrer dans ses déboursés. Or, l'exception de dol ne peut être opposée que par un défendeur à l'action en revendication, lequel se trouve naturellement en possession de la chose. En outre la loi 33, D. *de condictione indebiti*, nous dit de la manière la plus formelle que les dépenses du constructeur ne peuvent être recouvrées qu'à l'aide du droit de rétention : « Nullo alio modo quam per retentionem impensas « servare posse » (V. aussi, l. 14, *de doli mali et met. except.* D.). En s'appuyant sur ces textes plusieurs auteurs ont pris le texte des Institutes à la lettre (1). Dans ce système le constructeur dépossédé n'a aucune voie de recours contre le propriétaire; il ne peut plus que réclamer les matériaux après la chute de l'édifice.

Mais la règle rigoureuse des Instituts, reproduite

(1) Vinnius, MM. Ortolan, Pellat, Ducauroy.

d'un fragment de Gaïus, qui forme la loi 7, § 12, *de adquir. rerum domin.* D. 41, 1, a semblé peu équitable à un grand nombre d'interprètes du droit romain : et plusieurs autres systèmes ont été proposés : Pothier s'appuyant sur les lois 6, § 3 et 49. *de negotiis gestis* au Digeste, pense que l'action *negotiorum gestorum* utile peut être accordée au constructeur qui a perdu la possession (*Pandectes*, n° 48). Mais cette opinion ne peut être admise ; car il résulte de la manière la plus claire, des diverses lois du Digeste, que lorsque croyant faire sa propre affaire, on a fait celle d'autrui, aucune action n'est accordée contre le maître.

Cujas, argumentant de plusieurs fragments du Digeste, avait, depuis longtemps déjà, proposé d'accorder au constructeur dépossédé la *condictio incertæ possessionis* (1). Le possesseur qui avait restitué le fonds sans recouvrer ses dépenses eût pu, par ce moyen, recouvrer la possession ; ce qui lui eût permis d'opposer ensuite l'exception de dol à son adversaire. Mais les textes dont argumente Cujas sont relatifs à des cas où le possesseur était débiteur du propriétaire et avait négligé par erreur de retenir la possession. Tandis qu'ici il s'agit d'un possesseur qui

(1) Cujas, comment. *ad leg.* 27, § 5, *de rei vindicat.* — *Observat.* X. Chap. 4, t. 3. — L. 40 § 1, *de condict. indeb.* — L. 19, § 1, *de donat. int. vir. et ux.* D. — L. 31, *ad sc. Trebell.* D.

restitue une chose qui ne lui appartient nullement et qui par cette restitution passe au pouvoir du propriétaire.

De nos jours un troisième système très ingénieux a été proposé : Sans doute, le constructeur dépossédé n'aura pas d'action pour recouvrer ses dépenses utiles. Tel est le droit rigoureux. Mais l'édit du préteur offre au possesseur évincé une voie du recours pour se faire rembourser ses dépenses : Le propriétaire est-il rentré en possession à l'insu et en l'absence du constructeur ; ce dernier, qui conserve la possession tant qu'il ignore que la chose a été appréhendée par un autre (1), pourra intenter contre le propriétaire l'interdit *uti possidetis*, dans lequel il doit nécessairement triompher, d'après les termes de l'édit, puisqu'il ne possède *nec vi, nec clam, nec precario ab adversario*. — Le propriétaire s'est-il emparé de l'immeuble par violence, le possesseur spolié aura *l'interdit unde vi*. — Au moyen de ces deux interdits, le constructeur recouvrera la possession de la chose, ce qui lui permettra d'opposer l'exception de dol au revendiquant. De cette manière, la condition essentielle à l'exercice de la rétention sera remplie et l'on ne sera nullement en opposition avec les textes qui supposent le constructeur encore nanti de la chose et ne lui accordent qu'une exception pour se faire indemniser. Le constructeur ne sera

(1) L. 6 § 1, et l. 7, *de adquir et omitt. possess.* D.

ainsi privé de tout secours que s'il a abandonné sans réserve l'immeuble au propriétaire, ou s'il a négligé de se faire remettre en possession (1).

68. Le possesseur de bonne foi gagne les fruits perçus sur la chose qu'il détient, jusqu'à la *litis contestatio*. Mais il est tenu de les imputer sur les dépenses faites sur le fonds dans le réglement de compte à faire avec le propriétaire, de telle sorte que si la valeur des fruits perçus égalait la plus-value, il ne serait rien dû au constructeur (l. 48, *de rei vindicat.* D.)

69. Quant aux dépenses voluptuaires, le posssesseur de bonne foi pouvait également en recouvrer la valeur, s'il établissait que le propriétaire les aurait faites lui-même, ou qu'elles avaient donné de la plus-value au fonds. (L. 38, *de rei vindicat.* D.)

70. Supposons maintenant un possesseur de mauvaise foi. Nous avons vu déjà que le droit de rétention lui appartient sans contestation à raison des dépenses nécessaires. (L. 5 *de rei vindic.* C.)

71. Quant aux dépenses utiles, les Instituts et plusieurs lois au Digeste lui appliquent une règle fort sévère : Le constructeur de mauvaise foi ne peut invoquer les mêmes raisons d'équité que le possesseur de bonne foi. Le fait d'avoir construit sciemment sur le sol d'autrui constitue à lui seul une faute, et il ne peut tirer parti de sa faute pour

(1) De Fresquet, t. I. p 277. — M. Demangeat.

obliger le propriétaire, contre son gré, à supporter des dépenses qu'il savait n'avoir pas le droit de faire. De là, en principe rigoureux, il ne pourra exercer aucune action pour se faire indemniser de ses dépenses utiles, s'il n'est plus en possession, ni opposer d'exception s'il est encore détenteur.

Mais cette règle semble avoir subi de profondes modifications à mesure que le vieux droit romain s'était empreint de plus en plus des règles d'équité dues aux innovations de l'édit du préteur. La question semble, en outre, avoir été vivement controversée par les jurisconsultes. La trace de cette controverse se retrouve dans la loi 37 *de rei vindicatione* au Digeste : Julien, jurisconsulte contemporain d'Ulpien, tout en refusant l'exception de dol au possesseur de bonne foi, devenu de mauvaise foi, avant que les dépenses aient été faites, émet néanmoins l'avis que cette exception pourrait peut-être lui être accordée; car il s'agit pour lui d'éviter un préjudice. Mais Ulpien combat cette opinion : selon lui, l'exception de dol doit être refusée; mais le constructeur aura la faculté d'enlever les constructions sans détériorer le fond.

Au reste, une constitution d'Antonin permettait aussi au possesseur de mauvaise foi d'enlever les matériaux de l'édifice démoli s'il n'avait pas eu l'intention de les donner. Et cette intention ne se présumait même pas très facilement, puisque le fermier qui avait construit sur le sol du maître n'était pas réputé avoir voulu faire une libéralité (l. 2, *de rei vindic.* C. l. 55 § 1 *locati conduct.* D.)

Une constitution de Gordien va plus loin encore: le possesseur de mauvaise foi a la faculté d'enlever toutes les dépenses utiles qu'il a faites, s'il lui est possible de le faire sans détériorer le fonds (l. 5 *de rei vindic.* C.)

Enfin Paul, suivant en ceci l'opinion la plus favorable au constructeur de mauvaise foi, croit qu'il est plus équitable et plus humain (*benignius*) de lui permettre de réclamer ses dépenses utiles au propriétaire : ce dernier ne doit pas s'enrichir aux dépens d'autrui, fût-ce même aux dépens d'un *prædo*, d'un voleur d'immeubles. Ainsi d'après le système de Paul, le constructeur de mauvaise foi aurait eu le droit de rétention pour ses impenses utiles, comme le possesseur de bonne foi; toutefois avec cette différence que ce dernier pourra se faire tenir compte de ses impenses quand même la plus-value aurait disparu, tandis que le premier ne peut les réclamer que si cette plus-value existe encore (l. 38 de *hered. petit.* D.)

Il est vrai que ce texte de Paul est relatif à l'action en pétition d'hérédité, action de bonne foi sous Justinien, et qui, ayant trait à des comptes réciproques entre les parties, laissait au juge un pouvoir d'appréciation plus étendu que dans la *rei vindica-*

tio, puisque même au temps des jurisconsultes, il n'était point nécessaire d'y opposer l'exception de dol, à la différence des autres actions réelles dans lesquelles ce moyen de défense n'était point sous-entendu.

Cependant Cujas, a voulu généraliser cette règle et étendre cet adoucissement équitable des principes rigoureux de l'action en pétition d'hérédité à l'action en revendication d'un seul objet. L'équité ne peut permettre, en effet, qu'il soit livré à la merci du propriétaire. D'ailleurs, suivant Cujas, les textes qui refusent la rétention au possesseur de mauvaise foi ne seraient relatifs qu'aux cas où le propriétaire serait hors d'état de le rembourser. (1)

Mais l'opinion de Cujas, vers laquelle incline M. Pellat (2), comme plus équitable, a trouvé de nombreux adversaires : Vinnius, Donneau, Pothier, l'ont repoussée tour à tour. De nos jours, elle est rejetée encore par les jurisconsultes allemands. Ce point présente, il faut le reconnaître, de grandes difficultés. Tout ce que l'on peut conclure de l'examen des textes invoqués de part et d'autre, c'est que la question était débattue par les jurisconsultes romains, et que le texte de Paul n'est que l'expression de l'opinion de ce jurisconsulte. Cette doctrine, plus équitable, avait

(1) Cujas, *ad leg.* 27 § 5 *de rei vindic.* — Observat. X. chap. 1 (T. III.) — *Ad leg.* 38, *de petit. hered.*

(1) M. Pellat : *de la Revendication, sur la loi* 37.

dû sans doute exercer une grande influence sur la pratique, et sur les décisions des constitutions impériales, signalées plus haut.

Mais, sauf ces tempéraments d équité, il nous paraît difficile de pouvoir reconnaître, en principe, le droit de rétention au possesseur de mauvaise foi, en présence des textes nombreux qui lui refusent ce bénéfice

72. Quant aux dépenses voluptuaires, le possesseur de mauvaise foi avait seulement le droit de les enlever s'il lui était possible de le faire sans détériorer le fonds (l. 39, § 1, *de hered. petit.* D. Vinnius. *quest. select.* l. 1, n° 24).

SECTION VII.

Divers autres cas de rétention.

73. Nous avons étudié les principaux cas dans lesquels s'exerce le droit de rétention. Mais il existe encore un grand nombre de dispositions du droit romain qui confèrent ce privilége au possesseur pour des dépenses au moins utiles sur la chose détenue. Nous allons les indiquer rapidement.

74. Les copropriétaires, les cohéritiers, les associés qui ont fait des dépenses sur la chose indivise dont ils sont détenteurs, peuvent se faire tenir compte de ces dépenses, en exerçant le droit de rétention sur l'objet commun, jusqu'à ce qu'ils soient rendus indemnes. Agit-on contre eux par les actions

communi dividundo, *familiæ erciscundæ*, ou *pro socio*, ils se feront rembourser leurs impenses par l'office du juge. Mais si on procède par la *rei vindicatio*, le copropriétaire détenteur devra opposer l'exception de dol pour obtenir son remboursement. Le tiers qui aurait acquis la chose indivise du copropriétaire qui a fait les dépenses jouirait du même droit (l. 14, § 1, *comm. divid.*, — l. 39, *famil. ercisc* , — l. 34, *pro socio*. D.).

75. Le tiers détenteur de bonne foi actionné par les créanciers, auxquels l'immeuble a été hypothéqué par le véritable propriétaire, peut aussi exercer le droit de rétention pour assurer le paiement de ses dépenses jusqu'à concurrence de la plus-value (n° 21.)

76. Le fermier ou locataire qui avait fait sur le fonds des dépenses utiles ou nécessaires avait, suivant les cas, la faculté de les enlever ou de s'en faire tenir compte par l'action *conducti*. Mais il pouvait aussi retenir la chose livrée, à titre de gage, pour contraindre le propriétaire à lui rembourser les dépenses faites sur le fonds dont elles avaient augmenté la valeur (L. 19, § 4.—L. 61, *locati*. D.).

Le même droit existait au profit de l'ouvrier et de toute personne qui loue ses services pour exécuter un ouvrage commandé. Par son travail, il conserve, répare ou améliore la chose d'autrui, et il est de toute équité que le maître ne fasse pas un gain à son préjudice. C'est ainsi que le foulon à qui un vêtement a été remis pour le nettoyer, peut le retenir jusqu'au payement de ses dépenses et de son salaire.

77. Le mandataire peut réclamer à son mandant, par l'action *mandati contraria*, les dépenses nécessaires ou utiles faites pour la gestion de l'affaire. Mais on lui a reconnu aussi la faculté de retenir la chose du mandant, et spécialement le corps certain qu'il a été chargé d'acheter, jusqu'au payement de ses impenses (L. 25, *de procurat.* D.—L. 27, § 4, *mandati*).

De même on accorde généralement le droit de rétention pour dépenses utiles et frais de gestion aux tuteurs et aux curateurs, ainsi qu'aux gérants d'affaires quand ils ont bien administré (L. 33, § 3, *de admin. et peric. tutor.*—L. 45, *de negotiis gestis*.D.).

78. La raison d'équité qui donne naissance au droit de rétention, ne disparaissait même pas devant la faveur que la loi accordait à l'inexpérience de l'âge; c'est ainsi que le mineur de 25 ans qui veut obtenir la restitution *in integrum* vis-à-vis d'un acheteur de son fonds, possesseur de bonne foi, doit rembourser préalablement les impenses utiles faites sur l'immeuble qu'il veut recouvrer (L. 38, § 1, *de minoribus*. D.).

79. Les Institutes (§ 33 et 34, *de divisione rerum*) nous présentent aussi divers cas de rétention pour la même cause :

Ainsi Titius a écrit sur votre parchemin ; il a peint

un tableau sur une toile qui vous appartient. A qui devra être attribuée la propriété du parchemin ou de la toile ? A vous dans le premier cas : mais si vous réclamez votre parchemin sans tenir compte de la valeur de l'écriture, Titius vous repoussera par l'exception de dol. A Titius dans la seconde hypothèse ; car la peinture ayant une individualité distincte, forme la chose dominante. Or, si vous possédez le tableau, Titius pourra le revendiquer ; mais s'il ne paie pas le prix de la toile, vous lui opposerez l'exception de dol. Si, au contraire, Titius est en possession, et que vous vouliez obtenir la valeur de la toile, vous pourrez exercer l'action réelle utile, à condition de payer la valeur de la peinture. Mais si le peintre offre de payer la toile, il arrêtera l'action et gardera la propriété du tableau.

80. Un cas tout spécial dans lequel le droit de rétention n'a point son origine dans des dépenses faites sur la chose, se présente en matière de legs de servitude : Titius, sur le fonds de qui j'ai une servitude, m'institue héritier, en me chargeant de remettre ce fonds à Séius. L'adition de l'hérédité opère l'extinction de la servitude par confusion. Toutefois Séius ne peut réclamer le fonds entier sans consentir préalablement au rétablissement de cette servitude. S'il persistait à réclamer le fonds sans aucune restriction, je repousserais sa prétention au moyen de l'exception de dol. Car le fonds doit être

livré tel qu'il a été légué et se trouvait entre les mains du testateur (L. 18 *de servitut.* D.)

81. Signalons encore le droit de rétention assez remarquable qui s'exerçait sur la personne de l'homme libre dans le cas suivant : Quand on avait racheté un captif, non avec l'intention de lui faire une libéralité, mais avec celle de recouvrer les sommes avancées, ce dernier restait, en puissance du *redemptor*, à titre de gage, jusqu'au remboursement de sa rançon. Ce droit de gage pouvait même être cédé. Nous verrons plus tard quelle extension on voulut donner à ce droit, au moyen âge (Loi 3 § 3 *de liber. hom. exhib.* D. — l. 19 § 9, *de captivis.* D.)

82. Voët (*de compensat.* n° 20) nous indique enfin divers autres cas dans lesquels le droit de rétention pouvait encore être exercé. Ainsi le maître du navire avait le droit de retenir les marchandises jusqu'au remboursement du fret et de la contribution au jet. — La femme mariée avait aussi la faculté de retenir les biens de son mari qui se trouvaient entre ses mains, jusqu'à la restitution de sa dot et de ses autres biens. — Enfin le commissionnaire pouvait également refuser la délivrance des marchandises dont il est chargé de faire la vente, tant que le commettant ne lui a pas remboursé ce qui lui est dû, pour ses avances et à divers autres titres.

83. A cette énumération quelques auteurs ont voulu ajouter le vendeur, auquel plusieurs textes ac-

cordent le droit de conserver, *pignoris loco*, la possession de la chose vendue, jusqu'au paiement du prix (l. 31 § 8 de *œdilit. edicto*). Quoique la position du vendeur ait une grande analogie avec celle d'un rétenteur ordinaire, on ne saurait voir toutefois dans la faculté qui lui est conférée, un véritable droit de rétention. Ce droit s'exerce toujours sur la chose d'autrui. Or, le vendeur, en droit romain, demeure propriétaire de la chose jusqu'à la tradition. Il en est autrement dans notre législation.

DROIT FRANÇAIS

CHAPITRE PREMIER.

NOTIONS HISTORIQUES.

84. *I. Lois barbares.* — Nous avons vu la place importante qu'occupe le droit de rétention dans la législation romaine. Cette législation mêlée de quelques coutumes celtiques devint le droit commun de la Gaule conquise. Le droit de rétention fut donc introduit évidemment avec ce droit nouveau. L'invasion des barbares consommée, les conquérants laissèrent les peuples conquis vivre sous leurs lois personnelles. Chez les Visigoths, et même, suivant quelques auteurs, chez les Bourguignons, il fut rédigé des Codes de lois toutes romaines pour régir les Gallo-Romains. Le droit de rétention continua ainsi nécessairement à être appliqué dans les rapports de ces derniers entre eux.

Mais une grande incertitude existe au sujet de la

législation qui régissait les envahisseurs. Les lois barbares étaient trop informes, trop primitives, pour consacrer une théorie qui n'appartient qu'aux législations savantes. D'ailleurs toutes ces lois n'offrent point un ensemble complet : le droit civil n'y occupe qu'un rang secondaire ; la plus grande place est réservé au droit criminel, aux principes du droit public et aux matières ecclésiastiques. Enfin la rétention, s'appliquant le plus souvent à la propriété immobilière, trouvait dans ce fait même un obstacle à son exercice. Le sol indivis entre les divers membres de la tribu, ne devint, en effet, l'objet d'une propriété individuelle qu'après la conquête. Mais lors de l'invasion, les peuples barbares avaient déjà leurs lois et leurs usages : établis en Gaule, ils les gardèrent. Cependant on ne peut méconnaître que le droit romain n'ait exercé une assez grande influence sur les lois barbares, telles qu'elles nous sont parvenues. Quand sur le sol conquis ces peuples firent rédiger en langue latine les lois et les usages qui les régissaient en Germanie, des praticiens et des légistes, imbus d'idées toutes romaines, durent nécessairement prendre part à cette rédaction nouvelle, et y imprimer la trace des dispositions du droit romain. Cette empreinte se retrouve partout. Mais aucune disposition ne consacre d'une manière formelle l'exercice du droit de rétention, et c'est à peine si la loi des Bavarois (l. XV. Chap. IV, art. 3) semble contenir une légère réminiscence de ce droit, en donnant à l'acheteur évincé la faculté de se faire rembourser ses impenses; ce qui pourrait faire supposer, en outre, celle de demeurer en possession de la chose jusqu'à son remboursement.

Plus tard, vient une époque où les races se mêlent : l'influence de la civilisation, qui se répand chaque jour, se fait sentir à la fois sur les mœurs et sur la législation. Alors le principe d'équité qui sert de base au droit de rétention le fit-il admettre au moins dans la pratique ? Il est permis de le supposer. Mais les documents font absolument défaut pour cette période, et les Capitulaires de Charlemagne n'offrent aucune application de ce privilége, toujours par suite du peu d'importance que le législateur de ce temps semble attacher aux règles du droit civil.

85. II. *Droit coutumier.* — Sous l'empire des coutumes, le droit de rétention prit assez peu d'extension. La facilité avec laquelle on admettait le créancier à exécuter le jugement qui condamnait son débiteur, en s'emparant sans aucune forme de procédure, d'un objet mobilier lui appartenant, saisie connue sous le nom *de gagerie*, et qui plus tard fut limitée assez rigoureusement par le Parlement de Paris, suffirait au besoin pour expliquer le peu d'usage qui était fait du droit de rétention. Mais à cette première cause s'en joint une autre beaucoup plus caractéristique encore : c'est l'oppo-

sition que les seigneurs justiciers durent mettre à l'exercice d'un droit qui devait les priver d'assez forts émoluments. Toute contestation portée devant la justice seigneuriale donnait lieu, en effet, à la perception de droits pécuniaires d'autant plus élevés que la valeur de l'objet en litige était plus considérable. Dès lors, la compensation, la reconvention, tendant par leur résultat à diminuer le chiffre de la condamnation et à enlever souvent à tel tribunal la connaissance d'un procès dont il était le juge naturel, furent repoussées rigoureusement, et ce n'est qu'à une époque assez moderne, qu'on admit la compensation au cas où les deux dettes étaient exigibles et constatées par écrit (Toullier, VII, N° 356.)

L'exercice du droit de rétention conduisant souvent aux mêmes résultats que la compensation et n'exigeant, dans tous les cas, qu'une seule instance, devait pareillement être odieux aux seigneurs justiciers.

Malgré des obstacles aussi puissants, le droit de rétention n'était pas sans application. Et nous en retrouvons des traces dans plusieurs coutumes :

C'est ainsi que l'art. 175 de la coutume de Paris, origine de notre art. 2102, 5°, donne à l'hôtellier *un privilége sur les biens et chevaux hotelez, avec le droit de les retenir jusqu'à paiement.* Car, nous dit Ferrière sur cet article, l'hôtelier est censé avoir en gage et en sa possession les objets apportés chez lui par le voyageur.

Aux termes de l'art. 176 de la même coutume (ancien 194), le vendeur sans terme d'un objet mobilier « peut la chose poursuivre en quelque lieu qu'elle « soit transportée, pour être payé du prix qu'il l'a « vendue » c'est-à-dire, suivant Dumoulin, pour la recouvrer et en être saisi, jusqu'à ce qu'il soit payé. Ce droit pouvait être exercé même vis-à-vis d'un second acheteur. A plus forte raison le vendeur pouvait-il retenir.

De même l'art. 305 de la coutume de Paris, d'où est tiré l'art. 867 du Code civil, accorde à l'héritier soumis au rapport, le droit de conserver l'objet rapportable, jusqu'au remboursement des impenses par lui faites sur cet objet..— L'art. 306 de la coutume d'Orléans contient une disposition semblable

Cette dernière coutume (art. 372) oblige aussi celui qui exerce le retrait d'un immeuble à tenir compte au détenteur de ses améliorations et de ses dépenses, ce qui fait bien supposer le droit de rétention en faveur de ce dernier.

Le locataire peut aussi user de rétention de ses louages pour les dépenses nécessaires faites ou qui se doivent faire en la maison qu'il tient à louage par accord ou consentement du locateur ou ordonnées en justice après sommation préalablement adressée à ce dernier. — Telle est la disposition de plusieurs coutumes reproduite par les Institutes coutumières de Loisel (l. 3, t. VI, § 9. — Troyes, art. 202. — Bourbonnais, art. 130. — Auxerre, art. 152. — Berry, ch. 9, art. 40). Mais il faudrait se garder de voir là un véritable droit de rétention. Car, en pareil cas, elle s'opère non sur l'objet livré qui a nécessité les réparations, mais sur le prix du loyer en fermage. En outre, il ne s'agit là que des dépenses nécessaires faites avec le consentement du locateur, ou après autorisation donnée par le juge. Dans tous les autres cas, le même privilège n'assurerait point le remboursement du locataire.

On ne peut voir non plus un véritable droit de rétention dans la disposition de la coutume du Nivernais qui donne aux ouvriers ayant travaillé à la récolte d'un fonds, le droit de faire *arrêter et empêcher les bleds, vins, charrettes, jusqu'à entier paiement* (ch. 32, art. 13). Ici, en effet, le créancier ne se trouve point en possession, et le droit qui lui est conféré a toute l'énergie d'une voie d'exécution.

Un privilège qui prenait le nom de droit de rétention est attribué à la femme par la coutume de Bordeaux, lorsqu'en vertu d'une stipulation expresse, elle retient les biens du mari à titre de gage, jusqu'au remboursement de sa dot, en bénéficiant des fruits produits par ces mêmes biens. Il y avait là une sorte de rétention toute conventionnelle. A défaut de stipulation expresse entre les époux, le même droit existait en faveur de la femme; mais il prenait alors le nom de *droit d'insistance*, et la femme devait tenir compte aux héritiers du mari de l'excédant des fruits produits par les biens de ce dernier sur les intérêts de sa dot. Mais dans l'un et l'autre cas, ce droit n'était point conforme aux principes qui régissent le droit de rétention, puisque la créance de la femme n'était point née à l'occasion de la chose retenue (Coutume de Bordeaux, art. 53).

86. Même à l'époque où le droit coutumier était devenu le droit commun dans le Nord de la France, la législation romaine n'en continua pas moins à former le fond du droit dans les pays du Midi, et ce n'était qu'à titre de supplément qu'on y avait recours aux coutumes locales. Le droit de rétention devait donc nécessairement y recevoir de fréquentes applications.

Dans le Nord, la législation coutumière ne fit pas cependant oublier entièrement le droit romain. Une épitre d'Hincmar nous atteste que les compilations de Justinien avaient pénétré en France dès le neuvième siècle. L'étude de cette législation fut longtemps renfermée dans les Écoles. Mais au douzième siècle et surtout dans le siècle suivant, à la suite des travaux de l'École de Bologne, il se produit en France un mouvement scientifique remarquable, et le droit romain vint exercer une grande influence, sinon sur la législation proprement dite, mais au moins sur l'esprit des ouvrages coutumiers de cette époque.

Le premier monument qui signale le réveil des études juridiques consiste dans un livre d'extraits connu sous le nom de *Petri excerptiones legum romanarum*. Cet ouvrage, aussi nommé le *Petrus*, du nom de son auteur, est divisé en quatre livres dont le second est en entier consacré à la matière des *contrats*. On y retrouve plusieurs cas dans lesquels peut s'exercer le droit de rétention : c'est ainsi qu'on y admet le créancier gagiste à retenir le gage pour sûreté des impenses faites pour la conservation de la chose donnée en nantissement. De même le possesseur de bonne foi évincé, peut aussi se faire rembourser préalablement à toute restitution, les impenses faites sur le fonds d'autrui : la même faveur est refusée au possesseur de mauvaise foi. (L. II, chap. 6. — L. III, chap. 12).

Mais le droit romain fut surtout étudié à cette époque au point de vue de la pratique du droit français, qu'on chercha à réformer en y introduisant des règles toutes romaines. Cette tendance apparaît surtout dans les *Conseils de Pierre Desfontaine*. Cet ouvrage d'un conseiller de saint Louis, traite spécialement des coutumes du Vermandois. Mais les principes de la législation romaine se trouvent mêlés à chaque pas au droit coutumier. Dans ces emprunts faits au droit romain, se trouvent plusieurs cas d'application du droit de rétention. Ainsi après avoir admis le possesseur de bonne foi au droit de retenir le fonds sur lequel il a fait des dépenses, l'auteur accorde la même faculté au possesseur de mauvaise foi se fondant sur la loi 38, *de hereditatis petitione.*

Les *Etablissements de saint Louis* et le livre *de Justice et Plet* sont écrits dans le même esprit que l'ouvrage de P. Desfontaine. Les coutumes y sont continuellement mêlées au droit romain. Et plusieurs lois du Digeste s'y trouvent même traduites littéralement.

Le *Grand coutumier de Charles VI*, ouvrage du quatorzième siècle, renferme aussi des dispositions toutes romaines. L'esprit du temps, est en effet, de tout rapporter au droit romain : cette législation sert ainsi de *criterium* pour juger de la bonté des diverses coutumes. Tout droit qui s'écarte de ses principes est même qualifié de *droit haineux* par la *Somme rurale* de Jean Boutilier, ouvrage de pratique dont plusieurs règles empruntées au droit romain sont relatives au droit de rétention.

87. III. *Ordonnances royales.* — Cette influence ne se borne pas à des ouvrages de compilation : elle s'étendit même à la pratique. Les idées de justice et d'équité se répandirent de plus en plus, avec la connaissance des lois romaines. On sentit l'injustice qu'il y avait à repousser devant les tribunaux la compensation et la reconvention. La même rigueur qui

avait atteint le droit de rétention disparut également. Aussi retrouvons-nous dans le Recueil des arrêts de Papon, un arrêt du 17 avril 1427, qui reconnaît au possesseur de bonne foi le droit de retenir le fonds dont il est évincé, jusqu'au remboursement des impenses faites sur ce fonds (Papon., l. XVIII, t. IV, n° 13).

De la pratique, l'impulsion donnée s'étend aux ordonnances royales qui tendent généralement à favoriser l'application du droit de rétention.

La première que nous trouvions sur ce point est une ordonnance de Montil-lez Tours (1453), qui a trait au droit de rétention des procureurs sur les papiers de leurs clients : « Défendons, porte cette « ordonnance, aux procureurs qu'ils ne retiennent « les lettres et titres des parties sous couleur de « leurs salaires. » (Art. 44). La même règle est reproduite dans deux ordonnances postérieures, la première de Louis XII, édictée à Blois, en 1507 (art. 114), et la seconde de François Ier, en 1535 (chap. 5, art. 8).

Ces diverses ordonnances ne prohibaient l'exercice du droit de rétention sur les titres des parties que pour le recouvrement des honoraires. Mais les pièces qui avaient nécessité des frais et déboursés pouvaient être retenues pour cette cause. Cette distinction fut consacrée à plusieurs reprises par la jurisprudence, et notamment par deux arrêts, l'un de

1543, l'autre de 1547 (Papon., *Rec. des arrêts.*, l. VI, t. 4, art. 21 : — Guy Coquille, *quest. et réponses*, n° 197).

Bien que l'ordonnance de Montil-lez-Tours ne pose aucun principe relatif au droit de rétention en général, la règle qu'elle édicte sur ce point spécial laisse lieu de supposer fortement que le principe de la rétention était généralement admis, puisqu'on avait cru nécessaire de le restreindre dans un cas particulier.

Ceci est confirmé d'ailleurs par l'ordonnance de Villers Cotterets (1539) destinée à réglementer l'application du droit de rétention, qui, sans doute, avait pu donner lieu à quelques abus dans la pratique. L'article 57 de cette ordonnance accorde au détenteur d'un immeuble, ayant fait des dépenses *pour lesquelles il prétend rétention des lieux et choses adjugées*, la faculté de retenir le fonds ainsi amélioré, mais à la charge de faire liquider ces impenses dans un délai assez bref. Faute par lui de le faire, le propriétaire peut le déposséder, en donnant caution de rembourser lesdites dépenses.

Cette dernière restriction apportée au droit de rétention par l'ordonnance de Villers Cotterets, fut trouvée trop rigoureuse par la jurisprudence dans le cas où les réparations avaient été faites par autorité de justice et baillées judiciairemeut au rabais. Il était admis alors que le possesseur pouvait conserver la détention de la chose revendiquée jusqu'à son entier remboursement. Ainsi le décide un arrêt du 9 mars 1563 (Guénois, *Conf. des Ordon.* t. I, p. 739).

88. En suivant l'ordre chronologique, nous trouvons ensuite une ordonnance de Henri II, suivie d'un édit du même prince, du mois d'août 1550, qui vint interdire l'exercice du droit de rétention dans un cas où s'étaient introduits de déplorables abus. Nous avons vu (n° 81) que plusieurs lois romaines donnaient à celui qui avait racheté un captif le droit de le retenir à titre de gage, jusqu'au remboursement de sa rançon. Au moyen-âge, quand les jurisconsultes prirent l'habitude de tout rapporter au droit romain, on en vint, par l'application des règles de ce droit, à reconnaître au geôlier, qui avait fait à un prisonnier, des fournitures de vivres et d'objets d'autre nature, le droit de le retenir en prison, après l'expiration du temps de sa peine, jusqu'au remboursement de ses dépenses.

Les deux ordonnances de Henri II mirent fin à cet abus. Désormais, il fut défendu aux geôliers et concierges des prisons, de retenir les prisonniers pour assurer le recouvrement des avances par eux faites à ces derniers (art. 6 de l'ordonnance de 1549). Toutefois la jurisprudence était tellement entrée dans cette voie, que nous voyons le parlement de Paris accorder encore le droit de rétention au geôlier, par un arrêt du 15 avril 1594. (Papon., *Rec. des arrêts*, l. 24, t. 4. — Guy Pape. *Décis. et quest.* n° 448).

89. Une ordonnance de Moulins (février 1566), due au chancelier de l'Hôpital, vint aussi restreindre l'application du droit de rétention et fixer le délai dans lequel devait s'effectuer la liquidation des dépenses faites par le possesseur de bonne foi. L'ordonnance de 1539 avait laissé le soin de déterminer ce délai à ceux qui étaient chargés de faire exécuter la sentence. Mais les entraves apportées à l'exécution des jugements par l'exercice du droit de rétention, pendant un espace de temps souvent exagéré, firent limiter ce délai à la durée d'un mois, pendant lequel le constructeur pouvait bien rester en possession, mais en offrant de faire liquider dans ce délai les dépenses qui lui étaient dues. A défaut par le possesseur de faire cette offre, l'autre partie pouvait recouvrer de suite la possession de son héritage en donnant caution de payer les dépenses et améliorations; et le fonds repris demeurait frappé d'hypothèque pour assurer le remboursement des dépenses dues au constructeur (art. 52).

Mais cette limitation apportée à l'exercice du droit de rétention était trop en opposition avec les principes du droit romain : elle souleva des résistances. L'ordonnance de 1667 revint sur la disposition hostile à ce droit, de l'ordonnance de 1566. En principe, le détenteur *ne pourra être contraint de quitter l'héritage qu'après avoir été remboursé.* Mais afin que le mauvais vouloir du possesseur n'apporte pas de trop longs retards à l'exécution des décisions des tribunaux, un délai doit être fixé par le juge pour faire liquider les dépenses. Et ce n'est qu'après l'expiration de ce délai que le propriétaire de l'immeuble pourra en recouvrer la possession en donnant caution. (Titre 27, art. 9).

L'ordonnance de 1667, tout en maintenant dans des limites raisonnables l'alternative fixée par l'ordonnance de 1566, consacrait ainsi d'une manière formelle le principe du droit de rétention, du moins en matière d'immeubles.

90. IV. *Droit intermédiaire.* — La législation intermédiaire renferme aussi plusieurs dispositions législatives qui confèrent expressément à certains possesseurs le droit de rétention :

Ainsi la loi du 22 novembre - 1er décembre 1790, dans son art. 22, donne aux acquéreurs de domaines nationaux sujets à rachat perpétuel, le droit de ne pouvoir être dépossédé, sans avoir préalablement reçu ou été mis en demeure de recevoir *leur finance principale avec leurs accessoires.*

De même la loi du 7 juin-5 août 1791, relative aux baux à domaine congéable, accorde au preneur, appelé domanier, à cause de son droit de propriété sur la superficie, la faculté de rester en possession usqu'au paiement de la valeur des améliorations lues par le bailleur qui veut l'expulser. (Art. 21).

Enfin la loi des 28 septembre - 6 octobre 1791, lans son art. 1er, dont le principe est reproduit par 'art. 545 du Code Napoléon, porte que la propriété erritoriale ne peut être sujette envers la nation u'aux contributions publiques légalement établies et ux sacrifices que peut exiger le bien général, *moyennant une juste et préalable indemnité.*

91. C'est dans cet état, que le Code Napoléon fut édigé. Le législateur de 1804 profitait de l'expéience et des lumières des siècles passés. Parmi les léments qui lui servaient à renouveler notre législtion, il trouvait de nombreuses dispositions conacrant le droit de rétention. Rédacteur d'une loi 'équité qui ne permet à personne de s'enrichir aux épens d'autrui, il a dû à plusieurs reprises permete l'exercice de ce privilége. Ces divers cas seront tudiés successivement dans la suite de ce travail, e même que la plupart de ceux sur lesquels le Code gardé le silence, bien qu'ils eussent fait l'objet 'une disposition spéciale du droit romain ou de noe ancien droit.

CHAPITRE II.

TURE ET OBJET DU DROIT DE RÉTENTION DANS LA LÉGISLATION ACTUELLE.

92. Le droit de rétention consiste dans la faculté

conférée au détenteur de la chose d'autrui de la retenir jusqu'au paiement de ce qui lui est dû pour certaines causes déterminées.

Ce droit a évidemment son principe dans la règle d'équité de l'art. 1184 du Code Napoléon. Chaque partie doit être placée sur un pied d'égalité parfaite; et si l'une refuse d'accomplir l'obligation dont elle est tenue vis-à-vis de l'autre, il n'est pas juste qu'elle contraigne celle-ci à remplir la sienne, et la force à courir la chance d'une insolvabilité possible. Les Romains envisagaient ainsi le fondement du droit de rétention, puisqu'ils l'exerçaient à l'aide d'une exception de dol, moyen de procédure dont l'objet était d'éviter une condamnation inique. Les rédacteurs du Code en ont sans doute autorisé l'exercice par suite de la même considération, quand on voit Pothier, leur guide ordinaire, nous dire : « L'équité « ne permet pas que le propriétaire revendiquant « puisse se faire délaisser la chose sans rembourser « au préalable le possesseur des dépenses qu'il a fai- « tes » (*Propriété*. part. 2, art. 6. n° 543).

La rétention est un moyen indirect de contraindre le débiteur à exécuter son obligation, en le privant de la possession de sa chose. Par là cette chose devient sans utilité pour le propriétaire. Car, ainsi que nous l'établirons dans le chapitre suivant, c'est vainement qu'il voudrait l'aliéner ou l'hypothéquer; ni la vente, ni l'hypothèque ne pourrait soustraire ce gage au droit du créancier rétenteur, tant qu'on ne l'a pas désintéressé. Ce dernier pourrait également retenir les fruits de la chose retenue, comme cette chose elle-même, à la charge d'en rendre compte, ce qui lui permettra, lors du règlement définitif, de les compenser avec sa créance : sinon, la rétention serait illusoire. Au cas de constitution de gage le droit de faire cette imputation lors de la perception des revenus, est formellement accordé au créancier par l'art. 2081. Les parties pourraient même convenir que la masse des fruits se compensera avec les intérêts de la créance, pourvu que cette convention ne soit pas entachée d'usure. (Art. 2089).

93. La possession de la chose retenue ayant ainsi parfois une utilité réelle, on comprend qu'on se soit demandé si le droit de rétention pouvait être cédé. L'affirmative déjà admise en droit romain, est adoptée ussi en droit français. C'est ainsi que dans l'hypohèse de l'art. 1673, un sous-acquéreur serait admis ncontestablement à exercer le même droit de rétenion que son vendeur, même pour les impenses néessaires et d'amélioration faites par ce dernier.

94. Toutefois, le rétenteur n'a pas la possession égale, l'intention de posséder pour lui-même. Il econnaît, au contraire, le droit du propriétaire au om et pour le compte duquel il possède, comme le épositaire et le fermier, dans le sens de l'art. 2228 u Code Napoléon. Comme eux, il n'a donc qu'une

possession précaire ne pouvant le conduire à la prescription, au moins tant que subsiste sa créance, car une fois éteinte, la prescription devient possible : la cause de sa possession est changée, et rien n'explique plus pourquoi il possède. Par la même raison, il est évident qu'il ne peut ni aliéner, ni hypothéquer la chose retenue. Aussi lui refuse-t-on l'exercice des actions possessoires, au moins de l'action en complainte; car quelques auteurs lui reconnaissent le droit d'exercer la réintégrande, par cela que cette action tient essentiellement à faire cesser un trouble apporté à l'ordre public. (Dalloz. V° Rétent., n° 65.) Il est évident qu'aucune autre action ne lui appartiendrait. En matière immobilière, le jugement dans lequel le créancier rétenteur serait partie n'aurait pas ainsi l'autorité de la chose jugée à l'égard du propriétaire de la chose. Mais il en serait autrement si la rétention s'exerçait sur un meuble. En cette matière, la possession valant titre, le rétenteur aurait, sans aucun doute, une action pour réclamer la possession de la chose perdue ou volée.

Il faut remarquer, en outre, que l'art. 2102, 4°, donne au vendeur d'objets mobiliers, la faculté de recouvrer la possession de la chose vendue sans terme, afin de le mettre en état d'exercer son droit de rétention, jusqu'au paiement du prix.

95. Si le rétenteur a des droits, il a aussi des obligations : comme le gérant d'affaires et le gagiste, il doit

être tenu de faire sur la chose dont il a la possession, les frais d'entretien qui en assurent la conservation, et même les frais de culture, si c'est un immeuble (art. 1374, et 2080).

96. Le droit de rétention est légal ou conventionnel, suivant qu'il dérive directement de la loi elle-même, ou de la convention des parties. — Le droit de rétention légal se définit : La faculté conférée au possesseur d'une chose d'en conserver la détention jusqu'au paiement de ce qui lui est dû à raison de cette chose. — Le droit de rétention est conventionnel dans les cas de constitution de gage et d'antichrèse. Dans tous les autres cas il est purement légal.

97. Le droit de rétention légal est subordonné à trois conditions essentielles : La première consiste dans la possession de la chose d'autrui par un tiers. Cette possession doit être exempte de violence ou de fraude. Sans doute une indemnité peut être due au possesseur violent ou frauduleux; car on ne peut s'enrichir aux dépens d'autrui. Mais il n'aura pour se faire rembourser qu'une action personnelle. Tel était déjà le principe du droit romain (l. 152, *de regulis juris* D.). Toutefois nous reconnaîtrons en droit français, la faculté de retenir au simple possesseur de mauvaise foi. Nous reviendrons sur ce point en étudiant le droit du constructeur sur le sol d'autrui. Il faut, en second lieu, qu'une obligation existe

de la part du propriétaire de la chose envers le possesseur. Enfin à défaut de convention, ou de disposition spéciale de la loi, cette créance du rétenteur doit être née à l'occasion de la chose retenue. Il faut, disait-on, autrefois, que la dette pour laquelle on invoque le droit de rétention soit jointe à la chose retenue : *debitum cum re junctum*. Il est vrai que, d'après le principe de la raison naturelle, il semblerait juste d'accorder ce droit pour toute créance légitime sans tenir compte de son origine. Mais cette distinction était généralement faite par le droit romain, et les rédacteurs du Code ont admis ce principe, sauf l'exception contenue dans l'article 2082; 2°. Par suite de cette connexité entre l'objet retenu et la créance du rétenteur, cet objet devient, en quelque sorte, entre les mains du créancier, le gage tacite de sa créance. Cette créance aura le plus souvent sa cause dans des dépenses de conservation ou d'amélioration de la chose. Le détenteur, en faisant ces dépenses, a par là même, fait naître une obligation pour le propriétaire. Or, ce dernier, tenu par un quasi-contrat, ne peut exiger que le créancier satisfasse à l'obligation de restituer la chose qu'il détient, sans offrir en même temps d'exécuter sa propre obligation de rembourser les dépenses faites sur sa chose.

98. Ces deux sortes de droits de rétention peuvent exister simultanément sur la même chose, sans ces-

ser néanmoins d'être distincts et indépendants l'un de l'autre : ainsi le créancier gagiste peut avoir fait des dépenses de conservation sur l'objet donné en gage, ce qui lui permettra d'exercer le droit de rétention légal même après que le paiement de la dette garantie par la remise du gage, aura fait disparaître le droit de rétention qui résulte du contrat de nantissement.

Faisons observer enfin que le droit de rétention légal ne confère pas la jouissance de la chose, tandis que le consentement du propriétaire peut attribuer ce droit au gagiste (2089).

99. Le droit de rétention est indivisible comme le gage et l'hypothèque : il affecte chaque partie de la chose retenue, pour chaque partie de la dette. Il ne suffirait donc pas au débiteur d'offrir un paiement partiel, pour recouvrer la possession de sa chose. Vainement dirait-il que la valeur de cette chose est de beaucoup supérieure à la somme due; le droit de rétention n'en subsisterait pas moins sur le tout. Ce droit est, en effet, indéfini quant à la valeur de la chose retenue. Le débiteur ne peut se plaindre, puisqu'il est en son pouvoir de faire cesser la rétention en payant sa dette. Enfin, plus grande sera la valeur de la chose retenue, et plus le débiteur sera stimulé à exécuter son obligation, plus la rétention sera efficace.

100. Le droit de rétention doit être soigneuse-

ment distingué de plusieurs autres droits qui ont avec lui une certaine analogie. C'est ainsi qu'il faudrait se garder de le confondre avec la compensation légale. Car nous n'avons plus, dans notre législation, comme à Rome, d'exemple de rétention *juris*, dont les effets étaient les mêmes que ceux de la compensation. Leurs conditions d'existence sont profondément différentes : la rétention s'exerce sur des choses qui n'admettent pas la compensation : cette dernière n'ayant lieu que pour les dettes de sommes d'argent ou de choses fongibles. En outre, la rétention peut s'exercer sans qu'il soit nécessaire que la créance soit liquide. Leurs effets sont bien différents aussi : la compensation a lieu de plein droit et éteint deux créances l'une par l'autre à l'instant même qu'elles coexistent ; jamais, au contraire, le droit de rétention n'a lieu de plein droit; jamais non plus il ne confère au possesseur la propriété de la chose.

On ne doit pas davantage le confondre avec la revendication, non plus qu'avec l'action en résolution, puisque ces derniers moyens ont pour objet non pas d'assurer l'exécution du contrat; mais celui d'obtenir sa résolution.

Le droit de rétention diffère aussi profondément du privilége, quoiqu'il arrive souvent qu'ils soient attribués au même individu. Leurs effets et les principes sur lesquels ils reposent, n'ont rien de commun : Le privilége est un droit réel qui affecte la chose elle-même. Ce droit réside dans une action très énergique, qui permet au créancier de poursuivre la vente de la chose sur son débiteur et même de la suivre entre les mains des tiers-acquéreurs, afin d'exercer son droit de préférence sur le prix. Le droit du créancier ayant rétention est, au contraire, tout passif, puisqu'il ne l'exerce qu'au moyen d'une demande reconventionnelle. Ce droit n'affecte que la possession de la chose : il lui est lié intimément, de telle sorte qu'une fois dépossédé, il ne peut point la suivre en des mains tierces, sauf le cas de perte ou de vol pour les choses mobilières. Il est vrai que cette possession, personne ne peut la lui ôter. Mais la chose retenue n'en demeure pas moins le gage commun de tous les créanciers de son débiteur, et s'il consent à ce qu'elle soit vendue, il est censé renoncer par là à son droit de rétention Et comme le plus souvent il n'a point de rang à discuter, ni aucun droit de préférence à réclamer, il sera réduit à la condition d'un simple créancier chirographaire. Mais à l'inverse du privilége, le droit de rétention n'est soumis à aucune formalité, à aucune inscription : le fait de possession avertit suffisamment les tiers.

Le droit de rétention ne doit pas non plus être confondu avec le droit de gage proprement dit : ce n'est, en effet, que l'un des éléments du *jus pignoris* ;

le gagiste a un privilége qui n'appartient pas toujours au créancier rétenteur, et ce dernier ne peut point, comme lui, se faire attribuer la propriété du gage en paiement de sa créance.

101. Le droit de rétention peut s'exercer sur les meubles aussi bien que sur les immeubles, en un mot sur tout ce qui est susceptible d'être possédé. Mais il ne devrait pas cependant constituer une violation de l'ordre public et des bonnes mœurs. C'est ainsi qu'il a été sagement jugé qu'un chef d'institution ne pouvait retenir un enfant pour contraindre ses parents à effectuer le paiement de sa pension (*Gaz. des tribun.* janv. 1840). Il est aussi admis que le droit de rétention ne pourrait s'exercer sur ce qui est fourni à une personne à titre d'aliments, quand ces fournitures sont nécessaires à la vie de celui qui les réclame.

Le droit d'usufruit peut assurément faire l'objet du droit de rétention. Mais quant aux droits d'usage et d'habitation, une controverse sérieuse s'est élevée entre les auteurs, de même que pour les immeubles dotaux de la femme.

Quant au droit de créance, on comprend qu'il ne peut faire par lui-même l'objet du droit de rétention; mais la rétention des titres de la créance est parfaitement possible.

102. Le droit de rétention n'est qu'un droit accessoire essentiellement attaché à l'existence de la créan-

ce du rétenteur. Une fois éteinte, par quelque cause que ce soit : paiement, compensation, remise volontaire, etc., le droit de rétention n'a plus de raison d'être et disparait. La novation elle même en opère l'extinction, puisque la créance qui remplace la première n'est plus connexe à l'objet retenu, ni garantie de plein droit par les sûretés de l'ancienne (1278).

En outre, le droit de rétention étant essentiellement subordonné à la possession de la chose retenue, s'éteint avec la possession de cette chose. Si donc le rétenteur abandonne la rétention de la chose, ou si elle périt, il n'y a plus de rétention possible. — Le détenteur qui abuserait de la chose et la détériorerait, pourrait être privé de la possession et mis ainsi hors d'état d'exercer son droit de rétention, sans que le débiteur ait besoin de payer préalablement sa dette. Il en était déjà ainsi à Rome (n° 16) et les termes de l'art. 2082, 1° ne permettent pas de douter qu'il ne faille décider de même dans la législation actuelle.

CHAPITRE III.

EFFETS DU DROIT DE RÉTENTION VIS-A-VIS DES TIERS.

103. Nous avons vu qu'en droit romain, le droit de rétention était considéré par les jurisconsultes, comme un droit réel, c'est-à-dire opposable aux tiers, malgré quelque controverse à cet égard.

Cette question, qui s'élève aussi en droit français, présente un grand intérêt pratique, surtout au cas où le débiteur est insolvable. Le droit de rétention est-il *réel*, il peut être opposé aux tiers au profit desquels le débiteur a aliéné ou hypothéqué la chose, postérieurement à l'origine de ce droit, de telle sorte que ces derniers ne peuvent le déposséder tant qu'il n'est pas désintéressé. — Est-il, au contraire, simplement *personnel*, il n'est opposable qu'au débiteur, et les ayant cause de ce dernier ne sont pas tenus de le respecter.

104. Or, des auteurs, dont l'autorité est grande dans la science, et dont l'opinion a été admise par plusieurs arrêts, ont soutenu que le droit de rétention était purement personnel (Troplong. Hypoth. I. n° 255.-264. — Nantiss. n° 442-479. — Delvincourt III. p. 212. — Bastia, 9 mai 1838. — Paris, 24 juillet 1852).

D'abord, disent ces auteurs, le droit de rétention a son origine dans l'exception de dol du droit romain, exception que le possesseur opposait au revendiquant pour l'empêcher de s'enrichir à son préjudice. Or, cette origine nous indique évidemment que c'est un droit personnel, puisque telle était la nature de l'exception de dol. En faire un droit réel serait confondre ce droit avec le privilége qui en diffère essentiellement, et s'exerce dans des hypothèses toutes différentes.

Et ce qui vient à l'appui de ceci, ajoute-on, c'est que les lois du Digeste supposent toujours que le droit de rétention est opposé au débiteur du rétenteur, et n'ont jamais en vue un conflit avec les tiers (1). De même en droit français, l'art. 2082, aussi bien que l'art. 1948, ne supposent de débat qu'entre le débiteur et son créancier.

D'ailleurs, en matière de droit de préférence tout est de rigueur : on ne peut en créer par interprétation. Les art. 2093 et 2094 nous disent, en effet, que les biens du débiteur sont le gage commun de ses créanciers, à moins que l'on ne puisse invoquer un privilége ou une hypothèque, droits que les articles suivants énumèrent et réglementent avec le plus grand soin. Or comment supposer que le législateur ait commis un oubli, quand on le voit ranger au nombre de ces mêmes droits de préférence, et le droit du gagiste et celui du conservateur de la chose d'autrui ? (Art. 2102, n° 2 et 3).

En outre, l'art. 2091 rejette évidemment le caractère de réalité du droit de rétention, puisque cet article nous dit que l'antichrèse, l'un des cas particuliers de rétention, ne peut avoir d'effet vis-à-vis des tiers qui ont des droits sur l'immeuble. Or, cette règle est absolue et ne comporte aucune distinction.

(1) L. 18. § 4, *Commodati*, D. — L. 14, *De doli mali except*. D. — L. 40, § 2, *De pignerat. act*. D. — L. 1, § 1, D.

On ne peut dire, par conséquent, qu'elle s'applique seulement aux droits constitués *avant* l'antichrèse, ce qui serait une naïveté, puisqu'il est évident qu'on ne peut transmettre à autrui sur sa chose que les droits qui vous appartiennent. Si donc l'art. 2091 n'a de sens raisonnable qu'autant qu'il a trait aux hypothèques constituées après la constitution de l'antichrèse, n'est-il pas évident que ce droit n'est opposable qu'au débiteur seulement ?

Enfin, un dernier argument est tiré de l'art. 609 du Code de Procédure. Cet article suppose qu'une saisie a été pratiquée par un créancier sur le mobilier du débiteur commun. Or, les autres créanciers, quels qu'ils soient, fût-ce même le locateur pour le prix de ses loyers, ne pourront s'opposer à la vente dans le but de faire reconnaître et régler la validité, le chiffre et le rang de leurs créances respectives. Cette opposition ne sera recevable que sur le prix de la vente. Or, si le locateur ne peut empêcher ni la saisie ni la vente, s'il est placé sur la même ligne que les autres créanciers, c'est donc que son droit de rétention n'est opposable qu'au débiteur seul.

Tel est l'exposé aussi complet que possible des arguments invoqués par ce système. L'on ne peut méconnaître que les raisons invoquées par ses partisans ne soient fort sérieuses, et notamment qu'il existe de grandes différences déjà signalées (n° 100), entre le droit de rétention et le privilége. Néanmoins, nous ne croyons pas que la véritable question soit là, et qu'il faille suivre cette opinion.

105. En effet, nous verrons plus loin que l'esprit de la loi et des textes nombreux lui sont trop directement contraires, après avoir répondu successivement aux divers arguments invoqués par les partisans de ce système.

1° L'origine du droit de rétention est sans doute dans l'exception de dol des Romains. Mais cette exception n'était que la forme que revêtait ce moyen de défense, et cette origine se trouve avant tout dans l'équité qui ne permet point aux tiers d'expulser le détenteur et de s'enrichir à son préjudice. Et ce qui nous démontre fort bien qu'à Rome même il en était ainsi, c'est que la loi 29, § 2 *De pignoribus et hypothecis* oblige les tiers créanciers à rembourser au constructeur de bonne foi les impenses faites par ce dernier sur le sol d'une maison incendiée dont il s'est rendu acquéreur. C'est qu'en effet pour que l'exception de dol fût opposable au demandeur, il n'était point nécessaire que l'action fût intentée par le débiteur lui-même. Toute demande qui aboutissait à un résultat inique, était repoussée par ce moyen quand même le contrat n'eût pas été vicié à son origine l. 2 *de doli mali et metus except*). C'est déjà commettre un dol que de vouloir s'enrichir aux dépens d'autrui, comme le dit Cujas : *quia dolus est ex aliena jactura lucrum facere velle*. Or cette action intentée par un tiers créancier causerait au détenteur le même préjudice que si elle émanait du débiteur lui-même.

2° C'est une affirmation bien hasardée que celle qui consiste à dire que dans l'exercice du droit de rétention, la loi suppose toujours un conflit entre le detenteur et le débiteur. Car tout dépend des circonstances : et si souvent on suppose que c'est entre eux que s'élève le débat, souvent aussi nous voyons ce droit s'exercer dans le rapport de créancier à créancier. Dans la première partie de ce travail, (n°18 et s.) nous avons signalé un grand nombre de textes qui attribuent au droit du rétenteur pleine efficacité vis-à vis des tiers. Les lois romaines invoquées par nos adversaires, ne contiennent donc pas une règle exclusive et absolue. Nous avons vu également que la loi unique au Code, *etiam ob chirogr. pecun.*, était une disposition exceptionnelle, motivée par des raisons toutes spéciales et surtout par le désir de punir la mauvaise foi du débiteur. D'ailleurs si les autres créanciers du débiteur ne sont pas obligés de tenir compte de la seconde dette contractée après la constitution du gage, on ne leur refuse pas moins le droit de déposséder le gagiste tant que la dette qui a donné lieu à la remise de la chose engagée, n'est pas éteinte; ce qui établit d'une manière irrécusable que le droit de rétention est opposable aux tiers dans une certaine limite.

Les textes invoqués en droit français sont loin aussi d'être décisifs en faveur de l'opinion que nous combattons. On ne peut, en effet, conclure rigoureusement des termes de l'art. 2082 que le créancier détenteur n'a point le droit de repousser l'action des tiers qui voudraient le déposséder. Le législateur prévoit dans cet article le cas le plus ordinaire, celui où le rétenteur se trouve en présence du débiteur, et il lui garantit expressément la possession de son gage tant qu'il n'est pas payé. Mais lui refuse-t il la même faveur au cas où il se défend contre des tiers créanciers? Evidemment rien ne peut le faire décider ainsi et les termes de l'art. 2082 laissent la question entière. Quant à l'art. 1948, il est moins concluant encore : « Le dépositaire, nous dit-il, peut « retenir le dépôt jusqu'à l'entier paiement de ce « qui lui est dû à raison du dépôt. Ici il n'est même pas question du débiteur. Le créancier pourra retenir le dépôt sans qu'aucune restriction soit apportée à son droit. La loi ne distingue nullement si le dépositaire se trouve en présence du débiteur lui-même ou d'un tiers. Or, pourquoi créer une distinction qui n'existe point dans la loi?

D'ailleurs, ce qui prouve de la manière la plus évidente que le législateur prévoit, dans ces articles, les cas les plus ordinaires, et que la loi n'a pas seulement pour but de régler les rapports existants entre le créancier retenteur et son débiteur, c'est que l'art.

1749 nous offre précisément un cas où le droit de rétention est opposé par le détenteur à un ayant cause de son locateur. Aussi dans ce cas est-on forcé de reconnaître la réalité du droit de rétention du locataire.

3° Ajouter que l'article 2094 n'énumère pas le droit de rétention au nombre des droits de préférence. c'est faire une confusion entre deux droits distincts. Sans doute la position des divers créanciers d'un même débiteur doit être égale, à moins qu'il n'existe entre eux quelque cause de préférence : et ce droit de préférence ne peut résulter que d'un privilége ou d'une hypothèque. Mais il ne s'agit point ici d'ajouter un troisième droit de préférence à l'énumération de l'art. 2094. Le droit de rétention, comme l'a fort bien dit Arm. Dalloz, n'est ni un gage, ni un privilége, *mais une sorte d'intermédiaire entre ces deux droits* (*Dict. de lég. et de jurisp.*, suppl. v° *rétention*). Le bénéfice accordé au rétenteur est seulement de maintenir sa possession tant qu'il n'est pas désintéressé. Jusque-là, sa position est inexpugnable.

Mais voilà toute sa sûreté. Et si par imprudence il fait vendre ou laisse vendre la chose retenue, il perd toutes ses garanties avec sa possession et n'obtient plus qu'un simple dividende quand il ne peut invoquer d'ailleurs aucun droit de privilége ou d'hypothèque.

Sans doute que sa résistance sera un moyen de contraindre les tiers aussi bien que le débiteur au paiement de sa créance et que son droit aura les effets d'un droit de préférence. Mais ce n'est point au droit de rétention seulement qu'est accordé un semblable effet. Est-ce que tout créancier chirographaire ne peut pas se faire payer avant les autres créanciers, s'il peut opposer la compensation légale? Il en est de même du rétenteur. Il pourra peut-être ne recevoir jamais son paiement, si l'on n'a pas intérêt à retirer le gage d'entre ses mains. Mais aussi, il sera payé le premier si l'on veut le déposséder. Et telle est précisément l'utilité de son droit.

4° L'interprétation donnée de l'art. 2091 est loin d'être exacte. D'abord grammaticalement parlant, cet article ne signifie pas autre chose sinon que les tiers qui *auraient* lors de la constitution de l'antichrèse des droits sur l'immeuble, ne peuvent être atteints dans leurs droits par la naissance de ce droit nouveau. Les mots : *pourraient avoir*, montrent évidemment que l'article ne s'occupe que du moment de la constitution de l'antichrèse, et non des droits que les tiers *pourraient acquérir* à l'avenir. C'est absolument la même théorie que celle de l'art. 2182. Et quelque puérile que paraisse au premier abord une semblable règle, elle n'est pas aussi inutile qu'on pourrait le croire, à cause de cette jurisprudence ancienne dont parle Denizart, et qui accordait au créancier antichrésiste aussi bien qu'au créancier gagiste un droit de préférence même vis-à-vis des créanciers antérieurs à l'antichrèse. Or, les rédacteurs du Code, qui étaient tous d'anciens praticiens et qui connaissaient la controverse rappelée par Denizart, ont voulu abroger cette règle ancienne, en refusant à l'antéchrésiste le droit de primer les créanciers hypothécaires antérieurs.

5° Si l'art. 609 du Code de procédure refuse au locateur, comme à tout autre créancier le droit de s'opposer à la saisie et à la vente du mobilier du locataire, c'est pour remédier aux graves inconvénients qui résultaient dans la pratique, de la disposition de l'ordonnance de 1667, d'après laquelle tout créancier avait le droit de s'opposer à la vente des meubles du débiteur saisi, ce qui entraînait des retards et des frais considérables. Pour réprimer efficacement cet abus, on ne pouvait faire de distinction entre les divers créanciers. Mais si le locateur ne peut empêcher la vente, il n'y perd rien assurément, puisqu'il fera valoir à son rang le privilége que lui attribue l'art. 2102.-1° Au surplus, on ne peut raisonnablement étendre aux divers détenteurs de la chose du débiteur, la règle établie pour le locateur, qui n'est qu'un gagiste fort imparfait, puisque c'est son débiteur lui-même qui détient.

106. Le système, que nous combattons, contredit, en outre, de la manière la plus directe, l'esprit de

la loi. En accordant le droit de rétention à certains créanciers, le législateur a voulu évidemment leur donner une sûreté. Or, cette sûreté ne serait-elle pas illusoire, si elle n'était pas opposable aux tiers créanciers du débiteur, comme à ce dernier lui-même ? Le débiteur ne pourra dépouiller lui-même le créancier nanti, cela va de soi. Mais s'il lui est permis de le faire déposséder par un tiers, ne lui sera-t-il pas facile de trouver un ami complaisant, au profit duquel il souscrira une obligation simulée ? Un système qui favorise ainsi la fraude ne peut être celui de la loi. D'ailleurs, il est impossible d'admettre que le débiteur puisse conférer à des tiers plus de droits qu'il n'en a lui-même, et détruire, au moyen d'un détour, le droit du créancier rétenteur.

L'interdiction de l'exercice du droit de rétention vis-à-vis des tiers conduit, en outre, à des résultats souverainement injustes : Si un artisan qui a amélioré la chose d'autrui, si un possesseur de bonne foi qui a élevé des constructions sur le fonds dont il est évincé, n'ont pas le droit, jusqu'à leur remboursement, de défendre leur possession vis-à-vis des créanciers du propriétaire, n'est il pas évident que ces créanciers s'enrichiront d'une valeur que l'artisan ou le constructeur a mis dans le patrimoine du débiteur commun ? En les obligeant, au contraire, à rembourser préalablement ces dépenses, on ne leur cause aucun préjudice, puisque l'artisan ou le constructeur ne font, en quelque sorte; que reprendre leur propre bien. Dira-t-on que le créancier dépossédé par les tiers pourra exercer une action personnelle pour recouvrer ses avances? Mais si le débiteur est insolvable, ce qu'il faut toujours supposer pour trouver un intérêt véritable à la question, de quelle utilité lui sera cette action, si sa créance est purement chirographaire, et si les créanciers, ayant droit de préférence absorbent tout le prix de la chose saisie?

A ces considérations générales, nous pouvons ajouter plusieurs articles qui ne peuvent laisser subsister aucun doute :

L'article 2071 nous dit d'abord que le nantissement est un contrat par lequel un débiteur remet une chose à son créancier *pour sûreté de la dette.* Puis l'article 2072 distingue deux espèces de nantissements, à savoir le gage et l'antichrèse, suivant que l'objet donné en garantie est un meuble ou un immeuble. Si la loi assimile ainsi l'antichrèse au gage, c'est qu'évidemment leur nature et leurs effets sont communs toutes les fois qu'elle n'y déroge pas. Or, le gage affecte la chose même à la sûreté du créancier : le même effet donc appartient à l'antichrèse. Sans doute l'antichrésiste n'aura pas de privilége; mais le législateur a soin de le dire. Au surplus, si l'antichrèse a pour but de donner *une sûreté* au créancier, il est évident que c'est la chose détenue elle-même qui fait l'objet de cette sûreté.

L'article 446 du Code de commerce nous révèle encore que le législateur considère l'antichrèse et par suite le droit de rétention, comme un droit réel. Nous y voyons en effet, ce droit mis sur la même ligne que les droits d'hypothèque et de gage, et comme eux déclaré nul et sans effet, quand il aura été constitué par le débiteur depuis l'époque déterminée par le tribunal, comme étant celle de la cessation de paiement ou dans les dix jours qui auront précédé cette époque, pour assurer le paiement de dettes antérieurement contractées. Si l'antichrèse n'était pas opposable aux tiers, c'est-à-dire à la masse des créanciers, il serait inutile d'en prononcer la nullité dans le cas prévu par cet article.

Ajoutons enfin, comme servant de fondement à notre système, les articles 577 et 578 du Code de commerce. Ces articles permettent au vendeur non payé d'exercer le droit de rétention sur les marchandises qui n'ont pas encore été livrées au failli; et ce n'est qu'autant que les syndics dûment autorisés par le juge commissaire ont acquitté le prix convenu entre le vendeur et le failli que la délivrance peut être obtenue. Ici encore le droit de rétention s'exerce vis-à-vis de la masse des créanciers et non pas seulement vis-à-vis du failli. puisque ce dernier n'est plus en cause, depuis que le jugement déclaratif de faillite l'a dépouillé de l'administration de ses biens et du droit de faire des actes de commerce.

Au reste, la réalité du droit de rétention ne peut guère être discutée à l'avenir, depuis que la loi du 23 mars 1855 est venue soumettre tout acte constitutif d'antichrèse à la formalité de la transcription pour être opposable aux tiers ayant hypothèque ou d'autres droits réels sur l'immeuble engagé (art. 2, 1°). L'antichrèse n'est, en effet, que l'un des cas du droit de rétention (En ce sens, Duranton, XVIII, n° 560. — Valette, n° 7. — Pont. n° 21. — Mourlon, *comment. crit. et prat.*, n° 228. — Cassat. 31 mars 1851. — Caen, 12 févr. 1853).

Ainsi entendu, ce droit présente une utilité véritable, et fournit un précieux moyen de crédit, surtout pour les créances de minime importance nées des besoins de l'industrie et de la confiance et qui ne sont protégées par aucune autre garantie.

107. Mais nous n'irions pas jusqu'à dire pourtant qu'il est interdit absolument aux tiers créanciers de saisir la chose qui fait l'objet du droit de rétention. Leur débiteur, propriétaire de la chose, peut l'aliéner, sous la condition de respecter le droit du rétenteur, de sorte que l'acquéreur ne pourra entrer en possession, qu'après que ce dernier aura été payé. De même il doit leur être permis de la faire vendre, pourvu qu'ils s'abstiennent de porter aucune atteinte aux droits du créancier nanti.

Ainsi la dette est-elle échue ou le terme est-il stipulé dans l'intérêt du débiteur, la saisie de la chose retenue sera possible. Mais les créanciers saisissants devront faire insérer, soit dans le cahier des charges s'il s'agit d'un immeuble, soit dans les annonces et affiches, s'il s'agit d'un effet mobilier, que la chose mise en vente se trouve en la possession d'un créancier ayant le droit de la retenir jusqu'à ce qu'il soit payé intégralement, et que l'adjudication ne sera prononcée qu'autant que l'enchère donnera un prix au moins égal à la créance du créancier rétenteur et à la charge par l'adjudicataire de le verser entre ses mains.

Si la créance était accompagnée d'un terme non échu ou stipulé en faveur du créancier, la saisie pourrait encore suivre son cours, mais à la condition que la vente ne sera, pour ainsi dire, qu'à terme, et ne permettra à l'adjudicataire d'entrer en possession qu'à l'échéance de la dette et après l'entière satisfaction du créancier nanti. Il suffira, comme dans la première hypothèse, que les tiers enchérisseurs soient avertis par une clause spéciale du cahier des charges, ou un avis inséré dans les annonces et affiches.

CHAPITRE IV.

DES CAS DANS LESQUELS LA LOI AUTORISE EXPRESSÉMENT LE DROIT DE RÉTENTION.

108. Si l'on en excepte le Code prussien qui consacre environ trente articles à l'exposition des règles relatives au droit de rétention, aucune législation,

ancienne ou moderne, ne renferme de principe général sur ce droit et ne lui réserve une place spéciale dans ses Codes.

Les rédacteurs de nos Codes, loin de suivre à cet égard l'exemple de nos anciennes ordonnances, se sont bornés à autoriser dans certains cas l'exercice du droit de rétention, et de à refuser dans quelques autres. Mais nulle part on ne trouve de principe général ni une série de dispositions ayant pour objet d'embrasser toutes les règles relatives à ce droit.

Ce défaut d'ensemble n'est pas aussi singulier qu'il peut le paraître au premier abord. Il était difficile d'assigner au droit de rétention une place à part, soit dans le Code civil, soit dans le Code de procédure. La possession elle-même fait partie du titre de la prescription, comme condition de cette manière d'acquérir : là ne se trouvait donc pas la place du droit de rétention. On ne pouvait davantage en traiter au titre du nantissement, puisque le droit de rétention ne confère ni le droit d'aliéner, ni un droit de préférence sur le prix de la chose. Ce droit, n'opérant par lui-même ni le paiement ni l'extinction de la dette, ne pouvait être traité non plus au titre des obligations. Enfin ce privilége accordé par la loi, présentant en quelque sorte une voie de fait tendant en apparence à se faire justice à soi-même, se trouvait par là même exclu du Code de procédure qui suppose le recours à la justice et l'emploi des voies de droit (M. Rauter, *Revue de législ. et de jurispr.* 1839).

C'est ainsi que par la force même des choses, le législateur a été amené à énoncer seulement les applications les plus importantes du principe de rétention. Or, ce sont ces divers cas et ces règles éparses dans nos Codes que nous nous proposons de rassembler et d'étudier dans ce chapitre.

SECTION I.

Rétention du gagiste. (Art 2082).

109. Les droits que le contrat de gage confère au créancier, sont : 1° un privilége sur le prix de la chose donnée en nantissement; 2° la faculté de se faire attribuer par justice la propriété de la chose en paiement; 3° enfin le droit de rétention.

A la différence du droit romain, qui n'exigeait pas rigoureusement que le créancier fût en possession de la chose pour que le contrat pût se former, le gage, en droit français, est un contrat réel, qui ne produit tous ses effets que si la possession de la chose passe des mains du débiteur à celles du créancier.

Le privilége du gagiste est ainsi intimement lié au droit de rétention, puisque l'un et l'autre sont soumis à la même condition : à la possession du gage. Mais ce droit de rétention pur et simple est moins étendu que le droit de gage, puisqu'il ne permet jamais de garder la chose en paiement. En outre, à la différence du simple droit de rétention, le privilége confère un droit de suite sur la chose, de sorte que si le créancier a été dépossédé par un fait indépendant de sa volonté, c'est-à-dire par la perte de l'objet, ou par un vol, il pourra, suivant le droit commun le revendiquer pendant trois ans, à compter du jour de la perte ou du vol.

110. Le droit de rétention du gagiste forme un cas de rétention conventionnelle, dont nous avons signalé les différences avec la rétention proprement dite (nos 97 et 98). Mais bien que ce droit résulte rigoureusement de la constitution même du gage, la loi l'a consacré, en termes formels, dans l'art. 2082, qui déclare que le débiteur ne peut réclamer la restitution de son gage qu'après avoir acquitté, tant en principal qu'intérêts et frais, la dette pour sûreté de laquelle le gage a été donné, à moins que le créancier n'abuse de la chose. Si donc il reste dû une partie de la dette; quelque minime qu'elle soit, le débiteur est non recevable à réclamer la plus faible partie de la chose. Car la sûreté qui résulte du gage est indivisible (art. 2083), et le nantissement est censé donné tant pour les accessoires que pour le principal de la dette.

111. La deuxième partie de l'art. 2082 accorde même au créancier un droit de rétention sur la chose pour une dette, contractée postérieurement à la constitution du gage et exigible avant le paiement de la première dette garantie par le gage. Ici le droit de rétention ne résulte plus du contrat de gage formellement stipulé, mais de l'intention présumée des parties, et de certaines considérations d'équité qui l'avaient déjà fait admettre aussi en droit romain. Car, disait M. Berlier, dans l'exposé des motifs, si le créancier déjà nanti d'un gage n'en demande pas un second pour la nouvelle dette, et s'il a soin de stipuler que cette dernière sera remboursable avant la première, c'est qu'il a pensé qu'en raison de ces circonstances, il ne demeurerait point à découvert, et que le gage dont il est possesseur suffit pour répondre pleinement du paiement des deux dettes.

Cette intention ne pourrait plus, toutefois, être supposée si la seconde dette était née au profit du créancier par suite d'une cession ou d'une subrogation. Ce ne sont plus alors les mêmes parties qui ont contracté et se sont trouvées en présence. Mais il est admis généralement qu'il suffirait que la seconde dette devienne exigible avant le paiement de la première, quand même celle-ci serait échue depuis longtemps.

Bien que notre article soit tiré de la loi unique *etiam ob chirog. pecun.*, il faudrait cependant se garder de croire que les deux dispositions soient identiques. La constitution de Gordien admet le gagiste à exercer son droit de rétention pour toutes les créances qu'il peut avoir contre le même débiteur, sans distinguer si elles ont pris naissance avant ou après la constitution du gage. Mais l'art. 2082 est plus rigoureux, puisqu'il exige à la fois que la seconde dette soit postérieure à celle qui a donné lieu au contrat de gage et exigible avant le paiement de celle-ci.

112. On s'est demandé souvent si la seconde disposition de l'art. 2082 ne conférait au gagiste qu'un simple droit de rétention ou si tous les avantages du droit de gage, renfermant, en outre, un privilége et la faculté de se faire attribuer la propriété de la chose par la justice, garantissaient au créancier le paiement de la seconde dette. Mais quelle que soit l'opinion qu'on adopte à cet égard, le droit de rétention étant reconnu, dans tous les cas, au détenteur, cette question offre peu d'intérêt au point de vue du sujet spécial qui nous occupe, et nous nous réservons de la formuler en position.

SECTION II.

Rétention du commissionnaire (art. 93-94, C. comm. et 2082, C. Nap.).

113. Le contrat de gage présente assurément moins d'intérêt en matière civile, qu'en matière commerciale. C'est là surtout que son importance pratique s'accroît, à cause du peu d'emploi des garanties immobilières, peu compatibles avec la célérité qu'exigent les affaires de commerce.

114. Il est un cas surtout, qui doit attirer toute notre attention, tant à raison de sa fréquente application qu'à cause des règles spéciales dont il est l'objet.

Nous voulons parler de l'hypothèse prévue par l'art. 93 du Code de commerce : Quand un commissionnaire a fait des avances sur des marchandises à lui expédiées d'une autre place pour le compte du commettant, la loi lui accorde tout à la fois un privilége sur le prix de la chose vendue et un droit de rétention sur la chose qui est en ses mains, pour la garantie de ses avances, intérêts et frais faits sur la foi de la consignation des marchandises. (Art 93, 94, 95, C. comm. et 2082, C. N., comb.).

Ce double bénéfice est une source de crédit pour le commerce : Le commissionnaire est encouragé ainsi à faire des avances pour le compte d'un commettant étranger et inconnu, certain qu'il sera de le faire sans courir aucuns risques : Peu importe, en effet, que le commettant devienne insolvable et tombe en faillite : détenteur des marchandises, il peut refuser de s'en dessaisir jusqu'à son remboursement, même vis-à-vis de la masse des créanciers qui vient de passer un concordat avec le failli, et faire vendre la chose, pour exercer son droit de préférence sur le prix, s'il n'est payé ni par le failli, ni par les créanciers.

115. Il résulte des termes de l'article 93 du Code de commerce que le privilége et le droit de rétention accordés ainsi par la loi au commissionnaire sont subordonnés à trois conditions : 1° Le commissionnaire doit avoir fait des avances pour le commettant; 2° Les marchandises en vue desquelles sont faites ces avances, doivent être expédiées de place en place; 3° Enfin ces marchandises doivent être à la disposition du commissionnaire.

Mais bien que cet article ne nous parle que du commissionnaire vendeur, sans nul doute les mêmes droits appartiennent à tout autre commissionnaire, et notamment au commissionnaire acheteur. La loi n'a prévu que le cas le plus ordinaire.

116. En droit civil, la remise de la possession de la chose est rigoureusement exigée pour la formation du contrat de nantissement. Mais ici il n'est pas absolument indispensable que les marchandises se trouvent dans les magasins du commissionnaire. Elles seraient encore considérées comme étant à sa disposition si elles se trouvaient dans un dépôt public ou dans le magasin d'un tiers indiqué par le commettant. Il en serait de même si le commissionnaire avait reçu la clef du magasin.

La loi va plus loin encore : le transport des marchandises étant souvent fort long, le crédit public exigeait que le gage eût pris naissance avant leur arrivée. Aussi l'art. 93, C. com. accorde-t-il le même droit au commissionnaire, quand il peut constater l'expédition des marchandises en représentant le *connaissement* ou la *lettre de voiture.*

117. En perdant la possession, le commissionnaire perd son droit de rétention et son privilége. Mais il n'est point réputé dessaisi tant que les marchandises ne sont point remises au commettant et se trouvent en la possession de mandataires à ses ordres : par exemple, des voituriers. Il en serait de même si les connaissements étaient rédigés en son nom et à son ordre, et s'il est demeuré saisi de la lettre de voiture (Tropl., nantiss., n° 354 et s. Cass. 18 avr. 1843).

Enfin le commissionnaire a-t-il vendu et livré la marchandise pour le compte du commettant, il peut prélever ce qui lui est dû sur le prix dont il se trouve détenteur, par préférence à tout autre créancier (art. 94). Le droit de rétention s'exerce ainsi sur le prix de la vente de ces marchandises, de la même manière que sur ces marchandises elles-mêmes. Il est vrai que, dans ce cas, le créancier exerce plutôt un véritable privilége et se paie par ses propres mains par voie de compensation.

118. Dans l'hypothèse prévue par l'article 93, du Code de commerce, le contrat de gage se forme avec tous ses avantages, au profit du commissionnaire, sans qu'il soit nécessaire de recourir aux formes rigoureuses exigées par le droit civil (art. 2074). La

célérité que réclament les affaires commerciales était peu compatible avec l'emploi de ces formalités. Quant à la créance du commissionnaire elle-même, elle s'établit par tous les moyens admis en matière commerciale, les livres, la correspondance, la preuve testimoniale, etc.

Mais si l'on suppose que le commettant et le commissionnaire habitent la même ville, et que les marchandises se trouvent dans cette ville, rien ne s'oppose plus à ce qu'un écrit soit rédigé. En pareil cas, la dispense d'un acte enregistré donnerait lieu à des fraudes nombreuses. Aussi l'art. 95 exige-t-il que le commissionnaire se soit conformé aux prescriptions du droit civil. S'il néglige de le faire, le droit de gage ne peut exister, et par suite le commissionnaire ne peut exercer aucun privilége. Il ne lui resterait pas même la ressource du droit de rétention. Car ce n'est que comme conséquence du droit de gage que le droit de retenir lui est accordé. Et comme, d'autre part, il n'existe entre l'objet détenu et la créance aucune corrélation, le droit de rétention manquerait absolument de base.

119. Du reste, ce n'est pas seulement pour le cas où l'on suppose des relations entre un commettant et un commissionnaire habitant la même ville que que la rédaction d'un écrit est exigée. C'est aussi dans tous les cas où les parties commerçantes veulent former un contrat de gage opposable aux tiers.

Il suffit de comparer les articles 93 et 95 du Code de commerce, pour se convaincre que le législateur n'a point entendu dispenser la constitution de gage, en matière de commerce, des formalités exigées par l'art. 2074 du Code Napoléon.

Cependant le droit de rétention ne serait, en droit commercial, comme en droit civil, subordonné à la rédaction d'un écrit, qu'autant qu'il découle du contrat de gage. S'il s'agissait de la garantie d'une créance intimement liée à la chose retenue, ces conditions rigoureuses ne seraient plus exigées. Car le droit de rétention légal n'est soumis à aucune formalité. C'est ainsi que l'ouvrier commerçant qui conserve entre ses mains les marchandises produites par son travail, jusqu'à ce qu'il soit payé du prix de la main-d'œuvre, n'est point tenu de remplir les prescriptions de l'art. 2074. De même, en dehors du cas prévu par l'art. 93. C. com., le commissionnaire jouit sans nul doute d'un privilége et d'un droit de rétention sur les marchandises qui lui sont confiées, pour sûreté des frais faits pour la conservation de la chose, sans que la rédaction d'aucun écrit soit nécessaire.

Mais l'un et l'autre perdraient toute espèce de garantie en se dessaisissant de la chose à l'occasion de laquelle ils ont fait ces dépenses. Vainement se trouveraient ils, par la suite, possesseurs d'autres objets, ils ne pourraient se prévaloir de leur détention pour obtenir le paiement de l'ancienne dette. Car cette dette n'a aucun rapport avec les objets qui se trouvent aujourd'hui entre leurs mains.

SECTION III.

Rétention de l'antichrésiste. (A. 2087).

120. L'antichrèse est un contrat par lequel le débiteur remet au créancier un immeuble pour sûreté de la dette. Ce contrat ne s'établit que par écrit : on ne pourrait l'établir par témoins même pour une valeur inférieure à 150 fr. Les termes de la loi sont absolus. Les tiers ont, en effet, le plus grand intérêt à connaître à la fois que le débiteur a cessé d'avoir l'immeuble en sa possession et que le créancier s'en trouve détenteur. Or, l'écrit qui est dressé sert à constater que le prêt n'est fait qu'en considération de la remise de l'immeuble. En outre, pour avoir plein effet vis-à-vis des tiers ayant des droits réels sur l'immeuble, le contrat d'antichrèse doit être soumis aujourd'hui à la formalité de la transcription. (L. du 23 mars 1855. Art. 2, 1°).

121. L'antichrèse confère au créancier : 1° Le droit de percevoir les fruits sur l'immeuble dont il est nanti, en les imputant annuellement sur les intérêts et ensuite sur le capital de la créance. Toutefois une clause expresse peut attribuer au créancier tous les revenus de l'immeuble *pris en bloc*, pour compenser les intérêts de la dette, si ces revenus ne

dépassent pas le maximum du taux légal. 2° Le droit de retenir l'immeuble jusqu'au paiement intégral de ce qui lui est dû. Aussi l'antichrèse, comme le gage, exige-t-il, pour sa formation, que la chose ait été remise au créancier.

122. Le débiteur demeure sans doute propriétaire de l'immeuble donné en nantissement : il continue donc de pouvoir l'aliéner valablement, mais à la condition toutefois de respecter le droit de jouissance du détenteur ; l'acquéreur ne pourra donc entrer en possession, qu'après que l'antichrésiste sera désintéressé. — Les créanciers du débiteur ne peuvent également faire saisir et vendre la chose retenue, qu'en s'abstenant de porter atteinte aux droits du créancier rétenteur, et sous les conditions indiquées plus haut (n° 107).

En effet, le droit de rétention de l'antichrésiste existe même vis-à-vis des ayant cause de son débiteur; ce point ne peut plus être discuté, depuis que la loi du 23 mars 1855, est venue soumettre le contrat d'antichrèse à la formalité de la transcription. — Avant cette loi, pour déterminer le droit de l'antichrésiste en présence d'un acquéreur ou d'un créancier hypothécaire, on recherchait si l'acte constitutif de l'antichrèse avait ou non acquis date certaine avant l'aliénation ou l'inscription de l'hypothèque. Aujourd'hui c'est à la date de la transcription qu'il faut se référer pour régler la position du créancier rétenteur vis-à-vis des tiers. Le débiteur a-t-il aliéné l'immeuble, l'antichrésiste opposera son droit à l'acquéreur, s'il a fait transcrire avant ce dernier. Le fonds a-t-il été seulement grevé d'hypothèque, il n'aura point à souffrir de l'action du créancier hypothécaire, si la transcription du contrat d'antichrèse est antérieure à l'inscription de l'hypothèque. Transcrit, au contraire, à une date postérieure, son titre serait sans efficacité vis-à-vis des tiers. Il n'y a là qu'une question de date.

123. L'antichrèse ne confère pas, comme le gage, un privilége sur le prix de la chose. En faisant vendre l'immeuble, ou en se laissant déposséder par les autres créanciers pour le mettre aux enchères, l'antichrésiste perd toutes ses sûretés et n'obtient plus qu'un simple dividende, s'il n'a point d'ailleurs un droit de préférence à faire valoir.

En outre, l'antichrèse diffère essentiellement du gage en ce que le créancier antichrésiste ne peut, comme le gagiste, se faire autoriser en justice à garder l'immeuble en paiement d'après une estimation faite par expert. Il lui est seulement permis de poursuivre l'expropriation par les voies légales.

124. L'antichrésiste, ayant le droit de percevoir les fruits de l'immeuble, est tenu par là même de supporter les charges de fruits. Il devra donc payer : 1° Les contributions et charges annuelles de l'immeuble ; 2° les réparations utiles ou nécessaires. Le

créancier prélèvera, ces dépenses sur les fruits, de sorte qu'en définitive elles seront supportées par le débiteur lui-même. — Mais si ces fruits ne suffisaient pas pour le désintéresser, il pourrait sans nul doute, même après le paiement de la dette principale, exercer le droit de rétention légal sur l'immeuble, au moins pour les dépenses de conservation.

SECTION IV.

Rétention de l'héritier (art. 867).

125. Tout héritier est tenu de rapporter à la masse partageable les biens qu'il a reçus du *de cujus*, si ce dernier ne l'a pas dispensé du rapport.

En principe, le rapport des immeubles doit se faire en nature. Mais qu'il s'opère en nature ou en moins prenant, la loi veut qu'il soit tenu compte à l'héritier donataire de ses impenses sur l'immeuble à rapporter, de même qu'elle le rend responsable des dégradations provenant de son fait ou de celui de ses acquéreurs.

126. Les impenses dues à l'héritier ne comprennent ni les dépenses d'entretien. qui sont une charge de fruits, ni les dépenses de simple agrément que le donataire a seulement le droit d'enlever en rétablissant les choses dans leur état primitif. Les déboursés que l'héritier peut réclamer sont : 1° Les dépenses nécessaires; en assurant la conservation de la chose, elles ont enrichi la succession. Aussi l'héritier pour-

rait-il s'en faire tenir compte, alors même que l'immeuble n'aurait retiré de ces dépenses aucun accroissement de valeur, ou qu'il aurait péri par cas fortuit depuis l'ouverture de la succession et avant le partage; 2° Les dépenses simplement utiles ou d'amélioration, eu égard à la plus-value existant à l'ouverture de la succession.

Or, toutes les fois qu'à ce double titre, l'héritier se trouve créancier de la succession, la loi l'autorise à retenir la possession de l'immeuble, tant qu'il n'est pas entièrement indemnisé des dépenses faites sur cet immeuble dont le rapport doit être effectué en nature.

127. Les coutumes de Paris (art. 305) et d'Orléans (art. 306) dispensaient déjà l'héritier donataire de rapporter en nature l'immeuble donné, quand ses cohéritiers étaient en retard de lui rembourser ses impenses et améliorations. Alors l'héritier n'était plus tenu qu'à en payer la valeur eu égard au moment du partage, déduction faite des dépenses utiles ou nécessaires. Mais Pothier nous apprend qu'il n'avait que la voie de la rétention pour recouvrer ses impenses. Abandonnait-il volontairement l'immeuble à la succession, aucun recours ne lui était donné pour se faire rembourser ses avances. Par la même raison, ses cohéritiers pouvaient se dispenser de le désintéresser en lui laissant l'immeuble sujet à rapport. (Success., chap. IV, art. 2, § 7.)

Mais l'art. 867, en accordant une sûreté spéciale à l'héritier donataire n'a pas voulu évidemment le priver du bénéfice du droit commun, qui confère une action à tout créancier. Dans cette garantie accordée à l'héritier, il n'y a qu'une simple faculté dont il est libre de ne pas user. Il ne conserve donc pas moins le droit de rapporter l'immeuble en nature, et de contraindre directement ses cohéritiers à lui rembourser ses impenses

A défaut de remboursement, l'héritier avait, sous les coutumes, le droit rapporter l'immeuble en moins prenant, et d'en conserver la propriété. Mais le Code n'attribue à l'héritier que la possession de l'immeuble à titre de gage et pour sûreté de sa créance. Il conserve la jouissance et l'administration de l'immeuble qu'il détient : mais l'exercice des droits de propriétaire ne lui appartient nullement, et il sera tenu d'effectuer le rapport en nature dès que ses cohéritiers offriront de lui payer ses impenses.

128. On s'est demandé souvent à qui devaient être attribués les fruits de l'immeuble qui fait l'objet du droit de rétention.

Quelques interprètes (Chabot, Poujol) ont voulu que l'héritier détenteur en fît son profit, alors même que ces fruits seraient supérieurs aux intérêts des sommes qui lui sont dues. Mais à l'inverse il ne serait point recevable à réclamer les intérêts de ces sommes: les fruits qu'il a perçus doivent lui en tenir lieu.

Vazeille rejette cette solution, par le motif que l'héritier n'est point dans la position d'un simple possesseur de bonne foi, et que le droit qui lui est conféré n'est au fond qu'une sorte d'antichrèse, dont tout l'effet est de permettre au possesseur d'imputer les fruits perçus sur les intérêts et subséquemment sur le capital de la créance.

Dans ce système, la dette résultant de la perception des fruits de l'immeuble arriverait, à une certaine époque, à compenser entièrement la créance pour impenses utiles ou nécessaires, de sorte que le droit de rétention finirait par faire disparaître le droit de rétention lui-même.

Aussi, suivant M. Duranton, dont le système nous paraît devoir être adopté, ces deux opinions extrêmes doivent-elles être rejetées. L'héritier est débiteur des fruits de l'immeuble donné, à compter de l'ouverture de la succession. Cette règle de l'art. 856 n'admet aucune exception. Le droit de rétention qui lui est conféré est assurément de la même nature que celui attribué au dépositaire par l'article 1948. Or, le droit aux fruits ne peut évidemment être reconnu au dépositaire, en présence de l'article 1936. D'ailleurs, un créancier détenteur, en vertu d'un droit de gage, est tenu pareillement de tenir compte des fruits produits par la chose. (Art. 2081 et 2085). Cependant M. Duranton reconnaît que l'héritier, au lieu de restituer les fruits, aurait le droit de les imputer, jusqu'à due concurrence, avec les intérêts des indemnités qui lui sont dues. Car la créance ayant pris naissance dans une véritable gestion d'affaires, les intérêts doivent, par exception, courir de plein droit (arg. a. 2001). Il est juste, d'ailleurs, que les retards du partage ne soient pas une cause de gain ni de perte pour l'héritier détenteur. La rétention à titre de gage ne s'exercerait ainsi que sur la portion de fruits qui dépasserait le chiffre des intérêts des sommes qu'il a déboursées. (Dur. VII n° 390. — Dem. III, n° 200. — Demol. XVI. n° 504.)

SECTION V.

Rétention du vendeur. (Art. 1612).

129. La première obligation imposée au vendeur est celle d'opérer la délivrance de la chose vendue. Mais en face de cette obligation, existe pour l'acheteur celle de payer le prix. Ces deux obligations sont corrélatives et réciproques. Si donc l'acheteur vient réclamer la chose sans offrir son prix, il n'exécute point son obligation, et par suite le vendeur n'est pas tenu de remplir la sienne.

Ainsi, dans une vente sans terme, le vendeur retient, jusqu'au paiement du prix, la possession de l'objet du contrat, à titre de gage et comme sûreté de sa créance. L'acheteur pour obtenir la délivrance doit offrir la totalité du prix. La plus minime partie qui resterait due, permettrait au vendeur d'exercer son droit de rétention sans que l'acheteur pût réclamer la plus faible partie de la chose. Car la sûreté que l'article 1612 confère au vendeur participe de la nature indivisible du gage (n° 99).

Après la mort de l'acheteur, l'un de ses héritiers ne pourrait, par la même raison, réclamer sa part héréditaire dans la chose vendue, en payant seulement sa part de dette.

130. L'abandon de la possession à l'acheteur, sans aucune réserve, emporte la déchéance du droit de rétention. Néanmoins, quand la vente d'objets mobiliers est faite sans terme, que les choses vendues sont restées dans le même état et entre les mains de l'acheteur, la loi, qui ne présume jamais la renonciation à un droit, vient au secours du vendeur, et afin de mettre son privilége et son action en résolution à l'abri des actes de mauvaise administration de l'acheteur, elle lui permet d'agir dans la huitaine de la délivrance, pour revendiquer non pas la propriété qui ne lui appartient plus, mais la possession de la chose vendue non payée. Le vendeur reprendra ainsi, par la voie expéditive de la saisie-revendication (art. 826, C. proc.), la position de rétenteur que lui conférait l'art. 1612, et qu'il n'avait abandonnée que sous la condition tacite d'un paiement qui devait suivre de près la délivrance de la chose vendue (art. 2102. 4°).

Mais une semblable revendication du droit de rétention ne pourrait être exercée en matière de vente d'immeuble, alors même qu'aucun terme ne serait accordé à l'acheteur : en pareil cas, le vendeur non payé n'a plus que la ressource de l'action en résolution que lui accorde l'article 1654. Cette reprise de possession de la chose vendue n'a plus lieu également en matière commerciale : un semblable droit eût été une atteinte trop grave au crédit public. (Art. 2102. 4° C. Nap. — Art. 550. C. com.).

131. Quand la vente est faite avec un terme pour le paiement du prix, le vendeur n'est plus recevable à refuser la délivrance de la chose vendue, sans paiement préalable. En suivant la foi de l'acheteur, il est présumé avoir renoncé tacitement à son droit de rétention. Toutefois l'acheteur ne pourrait ainsi se faire délivrer la chose, sans offrir en même temps le paiement du prix, qu'autant qu'il s'agirait d'un terme de droit. Car les juges, en lui accordant un délai, ne pourraient évidemment pas contraindre le vendeur à exécuter le contrat et à s'exposer à l'insolvabilité de l'acheteur.

Le vendeur pourrait encore refuser de délivrer la chose, même dans le cas d'une vente à terme, si depuis la vente, le mauvais état des affaires de l'acheteur, comme sa faillite ou sa déconfiture, lui fait craindre de perdre le prix de la chose vendue. Cette situation des affaires du débiteur a toujours pour effet de le priver du bénéfice du terme (art. 1188-1613). En outre, l'art. 577, C. com. donne formellement au vendeur non payé le droit de retenir les marchandises vendues, qui ne sont pas délivrées au failli, ou qui n'auraient pas été expédiées soit à lui, soit à un tiers pour son compte, et cela sans distinguer si la vente est ou non accompagnée d'un terme. Mais les syndics pourraient, toutefois, avec l'autorisation du juge-commissaire, exiger la livraison de ces marchandises, en payant au vendeur le prix convenu entre lui et le failli (art. 578).

L'acheteur perdrait encore le bénéfice du terme, s'il avait diminué par son fait les sûretés spéciales qu'il avait données au vendeur, et en considération desquelles ce dernier lui avait accordé un délai.

Remarquons, enfin, que bien que l'art. 1613 parle d'une faillite ou d'une déconfiture survenue *depuis* la vente, le même effet serait produit si la faillite ou déconfiture antérieure avait été cachée frauduleusement au vendeur. Dans tous ces cas ce dernier jouirait encore du droit de rétention (Tropl., n° 315. — Marc., art. 1613).

SECTION VI.

Rétention de l'acquéreur à réméré (art. 1673)

132. Il ne suffit pas au vendeur, qui veut exercer le réméré, de réclamer son immeuble avant l'expiration du terme convenu, il doit encore rembourser à l'acquéruur le prix principal qu'il a reçu, les frais et loyaux coûts du contrat de vente, les réparations

nécessaires en entier et les impenses utiles jusqu'à concurrence de la plus-value. Tant qu'il n'a pas satisfait à ces obligations, il ne lui est point permis de rentrer en possession de son immeuble, nous dit l'art. 1673, C. Nap. Le droit de rétention assure ainsi à l'acquéreur le remboursement de tout ce qui lui est dû, sans qu'il y ait lieu de distinguer, comme le faisaient autrefois quelques auteurs, entre les sommes liquides et les créances dont le chiffre exact n'était point encore déterminé (Poth., Vente, n° 427). Les termes généraux de l'art. 1673 ne comportent point une semblable distinction.

133. Au moment de l'exercice du réméré, l'acquéreur peut avoir aliéné l'immeuble. Mais n'ayant qu'une propriété résoluble, il n'a pu transmettre à d'autres qu'un droit de même nature. Le vendeur peut donc exercer le réméré vis à vis d'un sous acquéreur aussi bien que vis à vis de l'acquéreur primitif. Et réciproquement le tiers détenteur jouit, sans aucun doute, du même droit de rétention que son auteur, tant qu'il ne sera pas remboursé du prix de vente et de ses impenses. Mais le vendeur ne devrait néanmoins rembourser à ce tiers détenteur que le prix qu'il a reçu lui-même de son acheteur, sauf au second acheteur le droit de recourir en garantie contre son vendeur, pour recouvrer la différence des deux prix de vente.

134. Si l'exercice du réméré était avantageux, les

créanciers du vendeur et spécialement les créanciers chirographaires pourraient, en vertu du droit que leur confère l'article 1166, exercer le réméré au nom de leur débiteur. Dans ce cas l'article 1666 offre à l'acquéreur le moyen d'éviter d'être dépossédé, en opposant le bénéfice de discussion à ces créanciers et en les renvoyant ainsi discuter les autres biens du vendeur leur débiteur. Du moment qu'il prouve la solvabilité de ce dernier, ils ne courent plus aucun risque, et ils n'ont plus de raison légitime pour évincer l'acheteur.—Mais si l'acquéreur n'use pas de ce droit, il est évident qu'il peut forcer ces créanciers de lui tenir compte de toutes les obligations imposées au vendeur par l'art. 1673, et conserver la possession de l'immeuble jusqu'à ce qu'il soit entièrement désintéressé. En exerçant le droit de leur débiteur, ces créanciers ne peuvent agir que dans les mêmes limites et de la même manière qu'il eût pu le faire lui-même.

Le détenteur pourrait de même opposer le bénéfice de discussion aux créanciers ayant hypothèque générale ou spéciale : car la loi ne distingue pas ; soit en vertu de l'article 1666, soit en se fondant sur l'article 2170.

135. Mais quand au droit de rétention lui-même une distinction est nécessaire : Autrefois, les auteurs distinguaient entre les créanciers hypothécaires dont l'inscription était antérieure ou postérieure à la date

de la vente à réméré. Depuis la loi du 23 mars 1855 il faut faire une autre distinction : la vente à réméré doit être soumise à la formalité de la transcription, comme une vente pure et simple, pour être opposable aux tiers ayant des droits réels sur l'immeuble. (Art. 1er 1°).

Cela posé, deux hypothèses sont possibles :

1° L'acquéreur se trouve en présence d'un créancier hypothécaire dont la créance a été inscrite avant la transcription du contrat de vente. Si cet acquéreur néglige d'opposer le bénéfice de discussion, ou s'il ne peut l'opposer parce que le vendeur n'a entre les mains aucun immeuble à discuter, ou si cette discussion déjà faite a établit l'insolvabilité du vendeur, les créanciers hypothécaires pourront évidemment requérir la mise en vente de cet immeuble, sans que l'acquéreur puisse, en retenant la possession de l'immeuble, les contraindre à lui tenir compte du prix de vente et de ses impenses. Il ne serait fait d'exception, à cet égard, que pour les dépenses de conservation et les améliorations ayant procuré une plus-value, en vertu de l'art. 2175. Car ces créanciers qui avaient acquis sur l'immeuble un droit réel antérieurement au droit de l'acquéreur à réméré, ne peuvent perdre le bénéfice de leur droit d'hypothèque, par suite de la simple aliénation de l'immeuble qui leur sert de garantie. D'ailleurs l'acquéreur, quoiqu'il ne soit propriétaire que sous une condition résolutoire, pouvait purger les hypothèques existant sur le fonds.

2° Quant aux créanciers hypothécaires postérieurs à la transcription de la vente à réméré, ils n'ont qu'un droit essentiellement conditionnel, droit qui produira des effets si le réméré est exercé, mais qui n'aura jamais eu d'existence si le vendeur néglige de reprendre l'immeuble. Mais ils peuvent, sans nul doute, en vertu du principe de l'article 1166, exercer le rachat au nom de leur débiteur et remplir de la sorte la condition à laquelle est subordonnée l'efficacité de leur hypothèque. Mais ils peuvent être repoussés par le bénéfice de discussion. Et, supposé que l'acquéreur néglige de leur opposer cette fin de non-recevoir, comme ils n'agissent qu'au nom du vendeur dont ils sont les ayant-cause, il ne leur serait pas permis de déposséder l'acquéreur avant de lui avoir remboursé le prix, les loyaux coûts du contrat et les impenses de conservation ou d'amélioration.

136. Il va de soi, au reste, que l'acheteur à réméré a la faculté de renoncer à son droit de rétention et de remettre la possession sans réclamer au préalable son remboursement. Mais alors l'acquéreur n'a plus qu'une action personnelle à faire valoir. Il ne jouit point du privilége du vendeur d'immeuble. Le droit de rétention était sa seule garantie et il doit s'imputer de ne l'avoir pas conser-

vée. Il ne lui reste plus que la ressource de se faire concéder une hypothèque dont le rang sera fixé par la date de son inscription.

137. En terminant, faisons remarquer que si le réméré était exercé après l'expiration du délai fixé dans le contrat primitif, ce ne serait plus un cas de réméré proprement dit. Ce nouvel acte constituerait une vente nouvelle; et l'acquéreur aurait bien encore un droit de rétention, à défaut de paiement, mais ce bénéfice résulterait de sa qualité de vendeur (art. 1612), et non de celle d'acquéreur à réméré. (Art. 1673).

SECTION VII.

Rétention du locataire ou du fermier expulsé par l'acquéreur de l'immeuble. (Art. 1749).

138. L'acquéreur d'un immeuble loué ou affermé ne succède pas de plein droit aux obligations du bailleur. Suivant les principes, il ne serait donc point tenu de respecter le bail du preneur qu'il trouve en possession. Et telle était, en effet, la règle de l'ancien droit. Mais l'intérêt de l'industrie et de l'agriculture a fait adopter un autre principe aux rédacteurs du Code : Le nouveau propriétaire devra subir le bail, s'il a acquis date certaine avant l'aliénation. Toutefois cette condition ne suffisait plus aujourd'hui si le bail avait une durée supérieure à dix-huit ans. Alors la formalité de la transcription

serait nécessaire, afin de rendre le droit du preneur opposable à l'acquéreur pour toute sa durée. (Loi du 23 mars 1855, article 2.4°).

139. Mais l'acquéreur conserve la faculté d'expulser le preneur dans les deux cas suivants : 1° Quand le bail n'a pas acquis date certaine, ou n'a pas été transcrit, si cette formalité est nécessaire, antérieurement à l'aliénation ; sauf que dans ce dernier cas, l'expulsion ne sera possible qu'au bout de dix-huit ans. 2° Même quand cette date certaine existe ou que la transcription a été effectuée, si, dans le contrat, le bailleur a formellement réservé pour l'acquéreur la faculté de résilier le bail. Ce droit est refusé pourtant à l'acquéreur a réméré tant qu'il n'est pas devenu propriétaire incommutable (1673).

Dans l'une et l'autre hypothèse, des dommages intérêts seront dus au preneur expulsé, par son bailleur. Dans le premier cas, l'indemnité sera fixée par les tribunaux. Dans le second, la loi en détermine elle même les bases dans les articles 1744 et suivants.

140. Cette action en dommages intérêts ne peut s'exercer directement que contre le bailleur lui-même car l'acquéreur n'est qu'un tiers qui ne succède point aux obligations de ce dernier. Mais quand le bail a date certaine, une nouvelle faveur est accordée par l'article 1749 au preneur en possession : l'acquéreur qui veut user du droit d'expulser le preneur, réservé dans l'acte de bail, devra, au préalable, payer

l'indemnité due à ce dernier, si le bailleur a négligé de le faire. En pareil cas, l'acquéreur est tenu d'en faire l'avance, et ce n'est qu'à cette condition qu'il obtiendra la possession de l'immeuble. Jusque là, le fermier ou locataire aura le droit de se faire maintenir en possession des lieux loués et de repousser le nouveau propriétaire qui veut l'expulser.

Le preneur peut même opposer son droit de rétention à un créancier hypothécaire du bailleur qui viendrait le déposséder pour faire vendre l'immeuble, pourvu que son bail ait acquis date certaine avant le commandement tendant à l'expropriation (art. 684. C. proc.). Il est certain, en effet, qu'à ce moment le débiteur avait la libre administration de ses biens. La saisie ne peut faire disparaître le bail.

Le droit conféré au preneur par l'art 1749 de retenir la possession de l'immeuble, tant qu'il n'est pas indemnisé, existerait même vis-à-vis d'un adjudicataire sur saisie immobilière, alors même que le cahier des charges garderait un silence complet sur les dommages intérêts à payer au locataire expulsé. Le preneur ne peut être victime d'une semblable omission (Tarrible. Rép. de Merl. V° privil. sect. 5 n° 6. Tropl. hypoth. I, n° 262).

SECTION VIII.

Rétention du dépositaire (art. 1948).

141. Le dépôt constituant un service gratuit rendu

au déposant, serait le plus souvent préjudiciable au dépositaire, si la loi ne lui offrait un moyen assuré de recouvrer les indemnités qui peuvent lui être dues.

Nous avons vu (n° 38) que d'anciens auteurs, en s'appuyant sur un texte du Code de Justinien, refusaient au dépositaire la faculté d'user du droit de rétention à raison des créances nées à l'occasion du dépôt. Mais Vinius et Pothier soutenaient, au contraire, la légitimité d'un pareil droit pour les impenses de conservation des choses remises en dépôt. C'est l'opinion adoptée par le Code dans l'article 1948, qui attribue au dépositaire le droit de retenir le dépôt jusqu'à l'entier paiement de ce qui lui est dû à raison du dépôt. Ce qui s'étend même aux pertes causées par suite de l'exécution du contrat (art. 1947).

142. Pour assurer l'exécution des obligations du déposant, la loi accorde, en outre, au dépositaire, une action et un privilége.

Le privilége n'est accordé que pour les dépenses de conservation (art. 2102, 3°). Au contraire, l'action et le droit de rétention garantissent toutes les créances du dépositaire à raison du dépôt, ce qui comprend : 1° Les dépenses faites pour la conservation de la chose; 2° La réparation du dommage causé par le dépôt.

Le premier chef comprend les dépenses nécessaires sans lesquelles la chose eut péri ou se fut sensiblement détériorée. Mais on ne saurait lui accorder le même droit pour les impenses utiles. Le dépositaire n'a reçu la chose que pour la garder et la conserver intacte et non pour l'améliorer, puisqu'il doit la restituer en nature (1915). En faisant des dépenses qui ne sont pas nécessaires pour la conservation de la chose, il excède son mandat. Un pareil fait ne peut servir à justifier le droit de rétention. Mais comme le déposant ne doit pas, en définitive, s'enrichir aux dépens du dépositaire, il faut reconnaître à ce dernier une action pour réclamer la plus-value procurée par ces dépenses utiles (Dalloz, Répert. v°. *Rétention* n° 44).

143. Le droit de rétention conféré au dépositaire existe même vis à vis des créanciers du déposant. La loi ne fait aucune distinction. La saisie faite par eux ne suffirait donc pas pour dépouiller le dépositaire de la possession de la chose; ceci résulte d'ailleurs de la nature réelle du droit de rétention en général. Cette solution a été consacrée par la jurisprudence (Lyon 27 août 1849).

144. Si le dépositaire restituait volontairement la chose déposée avant le paiement de ce qui lui est dû, il lui resterait non seulement une action pour se faire tenir compte de ses impenses nécessaires, mais encore le privilége que l'art. 2102, 3° accorde au conservateur de la chose. Mais ce privilége, plus étendu dans ses effets que le droit de rétention en

tant qu'il subsiste même après la restitution de la chose, est moins avantageux sous un autre rapport, puisqu'il n'assure point la réparation des dommages causés par le dépôt.

SECTION IX.

Rétention du propriétaire exproprié. (art. 545).

145. Le droit de propriété est inviolable et personne ne peut, en principe, être contraint d'en faire l'abandon. Parfois néanmoins l'intérêt général de la société peut en réclamer le sacrifice. Mais l'État qui dépouille un particulier est tenu de lui payer la valeur de sa chose. Ce principe et l'exception qu'il subit étaient déjà reconnus par la législation romaine et notre ancien droit.

146. Notre législation moderne est allée plus loin encore : la loi du 3-14 septembre 1791 a non seulement consacré de nouveau ce droit du propriétaire à une indemnité. Mais elle a soumis en outre la prise de possession par l'État au paiement préalable de cette indemnité. Cette garantie a été accordée de nouveau dans toutes les constitutions données à la France depuis 1791 jusqu'en 1848. Et si la constitution de 1852 garde le silence sur ce point, ce principe n'en subsiste pas moins dans toute sa vigueur dans l'article 545 du Code Napoléon.

L'indemnité est consentie à l'amiable ou fixée par le jury suivant les règles tracées par la loi du 3 mai 1841 Elle ne peut être payée qu'en numéraire.

Si le propriétaire refuse de la recevoir, la prise de possession aura lieu après les offres réelles et consignations (art. 53).

147. Pour les travaux dont l'urgence est reconnue par un décret, l'indemnité peut être acquittée entre les mains du propriétaire, postérieurement à la prise de possession. Mais même dans ce cas le droit du propriétaire à une indemnité est garanti d'une manière certaine, par la consignation d'une somme suffisante pour le désintéresser complétement (loi du 30 mars 1831, du 3 mai 1841. art. 65 et s.).

Mais sauf cette dérogation commandée par l'urgence des travaux à effectuer, la prise de possession des lieux expropriés est subordonnée rigoureusement au paiement de l'indemnité due au propriétaire. A la vérité, le jugement qui prononce l'expropriation transfère de plein droit au domaine public la propriété de cet immeuble, et le droit du propriétaire se trouve ainsi transformé en une créance consre l'État. Mais la possession n'en demeure pas moins au propriétaire exproprié. Et cette possession est loin de lui être sans utilité. Les fruits de toute nature produits par la chose lui appartiennent exclusivement. L'exercice des actions possessoires demeure entre ses mains, comme celui de toute autre voie de recours destinée à protéger sa possession. Enfin cette possession est surtout pour lui une garantie du paiement de l'indemnité qui lui est due.

148. Sans doute, il ne sera point permis au propriétaire de se défendre par des voies de fait. La protection des travaux exécutés par le Gouvernement est sanctionnée par une peine (art. 384, C. pénal). Mais l'inviolabilité de son droit sera sauvegardé pleinement par l'autorité judiciaire.

Ainsi que l'entrepreneur vienne prendre possession de l'immeuble sans être muni d'aucune autorisation, l'exproprié que nous supposons non indemnisé, sera certainement fondé à se défendre contre cet acte d'usurpation, devant les tribunaux civils, soit en faisant défendre, par voie de référé, à l'entrepreneur, de passer outre, soit en se faisant maintenir en possession, par le juge du possessoire, soit enfin en obtenant condamnation à des dommages-intérêts, à raison du préjudice causé par cette violation de la propriété privée. Cette solution a été consacrée par la jurisprudence (Cass. 21 oct. 1841).

Si, au contraire, l'entrepreneur se présente pour occuper les lieux avec une autorisation du préfet, ce n'est plus à la juridiction civile que le propriétaire exproprié pourra réclamer protection. Il s'agit ici, en effet, d'interpréter et même d'annuler un acte administratif, et l'autorité administrative est seule compétente en pareille matière.

Mais cette voie de recours est pleine de lenteurs; l'exécution des travaux peut, en quelques jours, bouleverser l'immeuble et le changer de face. Comment établir plus tard l'étendue du dommage ? Enfin, le principe protecteur de l'art. 545 ne devient-il pas une lettre morte, s'il faut attendre l'achèvement presque total des travaux pour en faire ordonner la suspension ?

Par suite de ces considérations, quelques arrêts ont reconnu au juge de référé le droit de faire suspendre provisoirement l'exécution des travaux ordonnés par l'administration avant le paiement préalable de l'indemnité. Car il n'est fait d'exception à cette règle qu'au cas où l'urgence a été déclarée par un décret et que les tribunaux ont autorisé l'occupation provisoire des terrains expropriés (Lyon, 19 mai 1857. Dijon, 10 août 1858).

Cette solution fondée sur l'équité et sur des principes incontestables qu'aucune considération ne peut détruire, nous semble la seule fondée en droit, malgré l'autorité imposante d'un arrêt de cassation qui lui est contraire (Cass. rej. 6 juill. 1847). Tout au moins faudrait il reconnaître au juge de référé le droit d'ordonner une expertise et toutes les mesures conservatoires que nécessitent les circonstances. (1) Il est même deux cas où le juge de référé pourrait incontestablement ordonner la cessation des travaux. Ce serait d'abord quand l'administration se serait mise en possession sans aucune autre formalité que le dé-

(1) Bertin Droit. 23 mars et 12 juin 1857. -- Thiercelin Rev. prat. T. III et IV.

cret déclaratif d'utilité publique. Et en second lieu, si la décision du jury avait été cassée pendant l'exécution des travaux.

Tels sont les moyens à l'aide desquels le propriétaire exproprié peut faire respecter le droit de rétention conféré par l'art. 545. Mais sans doute cette règle n'a été édictée que dans un intérêt purement privé. Le propriétaire peut donc faire librement l'abandon de la possession. Il ne conserve plus alors qu'une simple créance contre l'État.

SECTION X.

Divers autres cas de rétention.

149. *Rétention pour frais de culture.* Suivant l'article 548. C. N., les fruits produits par la chose n'appartiennent au propriétaire qu'à la charge de rembourser les frais de labour, travaux et semences faits par un tiers . Si ce dernier se trouve possesseur de ces fruits il pourra ainsi en refuser la délivrance jusqu'il soit entièrement désintéressé. Il est vrai que les fruits appartiennent au propriétaire comme accessoires de sa chose. Mais comme il n'y a de fruits que déduction faite des impenses pour les obtenir, il est de toute équité que le possesseur puisse retenir la possession jusqu'au paiement de ses frais de culture. Le bénéfice de cet article pourrait fort bien être invoqué par celui qui ayant été chargé par le propriétaire de la culture de son fonds, aurait fait des

avances par la production et la perception des fruits. Mais cette règle recevra surtout son application au cas où les travaux de culture auront été faits par un détenteur évincé, sans qu'il y ait lieu d'ailleurs de distinguer entre le possesseur de bonne foi et celui qui est de mauvaise foi. La loi ne distingue pas et l'ancienne jurisprudence avait déjà repoussé cette distinction.

150. *Rétention du spécificateur et de l'ouvrier.* (art. 570). Le propriétaire de la matière à l'aide de laquelle une autre personne a formé une chose de nouvelle espèce, peut réclamer cette chose, mais à la charge de rembourser le prix de la main-d'œuvre. Le droit de retenir est accordé ainsi au créateur de la chose nouvelle, jusqu'à l'accomplissement de cette obligation.

L'art. 570 prévoit le cas où l'ouvrier a agi à l'insu du propriétaire de la matière. Mais sans aucun doute le droit de rétention appartient également à l'ouvrier qui, sur l'ordre du maître, a créé une chose nouvelle avec la matière fournie par ce dernier, jusqu'au paiement de son salaire. C'est ainsi en vertu du même article qu'on accorde cette faculté à l'ouvrier pour de simples impenses d'amélioration, jusqu'au paiement de ces impenses et de son travail. Mais la perte de la possession entraînerait avec elle la perte du droit de rétention, et l'ouvrier ne pourrait plus l'exercer pour ses impenses primitives, quand même la chose reviendrait en ses mains, pour des réparations nouvelles.

Le droit conféré par l'art. 570 pour le cas de spécification doit être reconnu aussi dans le simple cas d'adjonction (art. 566) et celui de mélange (a. 574).

151. *Rétention du possesseur d'un meuble volé ou perdu.* (A. 2280). — En principe, le possesseur d'un meuble ne peut souffrir aucune éviction. Le fait de possession, accompagné d'un juste titre et de la bonne foi, renferme une présomption si forte du droit de propriété qu'elle n'admet aucune preuve contraire. Toutefois une exception est faite à ce principe pour le cas où la chose a été perdue ou volée. Le possesseur pourra alors être évincé sans aucune indemnité. Mais il en serait autrement, s'il avait acheté l'objet revendu dans une foire, dans un marché, une vente publique, ou d'un marchand vendant de choses pareilles. En pareil cas, son erreur est si excusable, qu'on ne permet au propriétaire de recouvrer la chose, qu'à la condition d'en rembourser le prix à l'acheteur. Jusque là ce dernier est autorisé à refuser la restitution de cet objet.

152. *Rétention du notaire.* — L'article 851 du C. de proc. permet au notaire de refuser l'expédition d'un acte, tant qu'il ne sera pas payé des frais et déboursés de la minute, outre ceux de l'expédition. Le tiers qui a obtenu le compulsoire devra donc au préalable lui avancer ces frais, sauf à le répéter con-

tre ceux qui ont été parties dans l'acte. Ce bénéfice accordé aux notaires est d'autant plus juste que leur ministère est forcé. Mais la remise d'expéditions ferait présumer le paiement des honoraires (Cassat. 4 avr. 1826).

153. Plusieurs articles du Code parlent encore du droit de retenir certains objets : art. 571. 866. 924. 1509. Mais il ne s'agit point là du droit de rétention proprement dit. Dans les hypothèses prévues par ces articles, l'ouvrier, l'héritier, ou l'époux commun, retiennent la chose en pleine propriété. Or, nous avons déjà vu (n° 94) que le droit de rétention ne confère qu'une simple possession de fait, et que le rétenteur ne prétend nullement être propriétaire. Les articles que nous venons de citer demeurent donc en dehors de nos études. — Il en est de même de l'article 577 du Code de procédure, qui permet à l'officier ministériel qui a fait la vente sur saisie mobilière, de retenir ses frais sur le montant du prix qu'il est tenu de consigner.

CHAPITRE V.

CRÉANCES ANALOGUES POUR LESQUELLES LE CODE N'ACCORDE PAS EXPRESSÉMENT LE DROIT DE RÉTENTION.

154. Plusieurs des cas dans lesquels le droit romain et notre ancien droit reconnaissaient positivement le droit de rétention au possesseur ont été passés

sous silence par les rédacteurs du Code. Cette omission est d'autant plus inexplicable que ces hypothèses offrent la plus grande analogie avec celles que nous venons d'étudier. Et c'est à raison même de cettte analogie, que le silence gardé par le législateur sur le droit du détenteur dans ces divers cas et sur les motifs qui lui font accorder ou refuser ce privilége, nous contraint à nous demander si les articles qui consacrent formellement l'application du droit de rétention sont l'expression d'un principe général tacite, applicable toutes les fois qu'une règle contraire ne sera pas écrite dans la loi, ou si, au contraire ce droit est tout exceptionnel et ne peut être exercé qu'autant qu'il est reconnu par un texte spécial.

155. La solution de cette question devant nous servir à résoudre plusieurs des difficultés qui naissent au sujet de plusieurs articles du Code, nous allons l'examiner avant de passer aux cas spéciaux prévus par ces articles :

L'histoire du droit de rétention nous a déjà montré quelle place il occupait dans la législation romaine, et quelle extension le préteur avait donné peu à peu à l'application de l'exception de dol, forme générale que revêtait l'exercice de ce droit dans la pratique. Nous avons vu, en outre, que ce droit, un instant tombé en désuétude, par suite de l'ignorance qui suivit la conquête, et de l'intérêt contraire du fisc seigneurial, avait reparu de nouveau avec l'étude de la législation romaine. Consacré mainte fois dans nos anciennes ordonnances royales, et notamment dans celle de 1667 en faveur du possesseur évincé, à raison des impenses faites sur la chose, il n'avait pas tardé à être étendu par la jurisprudence à d'autres cas que celui prévu par cette dernière ordonnance. Sous cette influence, les jurisconsultes et surtout Pothier, avaient exposé les principales règles de ce droit et reconnu son existence dans plusieurs hypothèses où le droit romain semblait le refuser. Or comment croire que les rédacteurs du Code, praticiens si versés dans la législation et la jurisprudence anciennes, aient voulu rompre avec ces traditions du passé dont ils se sont inspirés si souvent?

Et non seulement rien n'indique, ni dans les textes, ni dans les procès-verbaux du conseil d'État, qu'on ait voulu repousser en principe l'application de ce droit. Mais une pareille supposition est fortement contredite par l'esprit du Code, qui renferme une législation toute d'équité. A chaque page nous voyons, en effet, exprimer cette idée de justice qui sert de base au droit de rétention : chez nous, plus de contrat de droit strict : toute convention doit être exécutée de bonne foi (a. 1134). La loi pour l'exécution du contrat, s'en réfère moins aux clauses mêmes de l'acte, qu'à ce que demande l'équité ou l'usage, suivant la nature de l'obligation (a. 1135).

Il n'est, en outre, permis à personne, pas même à l'incapable que la loi protége, de s'enrichir aux dépens d'autrui (1313). Et comme application de cette règle, l'article 1381 impose l'obligation à celui qui réclame la chose payée indument, de tenir compte des dépenses faites même par le possesseur de mauvaise foi.

L'autorité de ces exemples se corrobore encore de la citation de l'article 1184, qui, en admettant la condition résolutoire dans tout contrat synallagmatique, place ainsi les parties dans une position égale, et de l'exécution d'une obligation fait la condition essentielle de l'exécution de l'autre ; ce qui s'applique aussi bien aux liens qui naissent d'un quasi-contrat, et d'un contrat synallagmatique imparfait, que d'un contrat proprement dit. Or, ce principe de raison et d'équité est ce autre chose que le principe même du droit de rétention ?

En présence de cette règle de droit commun, comment croire que le débiteur puisse être contraint de restituer sur le champ, qu'il soit livré à la merci de l'autre partie, exposé à son insolvabilité ou à sa mauvaise foi, quand il ne trouvera pas dans le texte de la loi, comme au temps passé, dans l'édit du préteur, cette sorte d'exception de dol qui lui permette de résister victorieusement aux prétentions injuste du demandeur ? Une semblable solution se comprendrait dans une législation rigoureuse et de droit strict, comme l'était la législation romaine primitive, mais non dans notre législation dont nous avons signalé l'esprit d'équité.

Le même esprit se révèle, d'ailleurs, dans les nombreuses dispositions qui consacrent positivement l'exercice du droit de rétention, et qui ne sont autre chose que la reconnaissance d'un principe général. Le législateur ne peut prévoir tous les cas possibles dans la pratique. Les articles, dans lesquels ce bénéfice est formellement accordé et qui prévoient d'ailleurs les cas les plus ordinaires, ont été édictés soit pour lever des doutes nés d'anciennes controverses, soit pour indiquer au magistrat et au jurisconsulte quelle solution doit être donnée dans les cas analogues. Le juge doit, en effet, prononcer dans le silence de la loi et condamner le défendeur, si la demande est conforme à l'équité, lorsque aucune disposition particulière ne s'oppose à son admission (art. 4).

Au surplus, si le législateur a cru devoir signaler, comme exemples, plusieurs cas dans lesquels s'exerce le droit de rétention, il a aussi refusé formellement cette faveur dans les art. 1885, C. N. et 306 du C. de Com. Or, à quoi bon ce refus si le droit de rétention était tout exceptionnel et devait être rejeté dans les cas que la loi n'a pas énumérés? Rien ne manifeste plus, selon nous, la pensée du législateur.

Qu'on ne dise pas que l'exercice de ce droit serait une entrave à l'exécution des sentences judiciaires et qu'il entraînerait, dans la pratique, des inconvénients qu'avait voulu prévenir l'ordonnance de Moulins. Cette considération n'a pas empêché le législateur de reconnaître ce droit à plusieurs reprises. Si son exercice peut entraîner quelques inconvénients pratiques, il offre aussi de précieux avantages. De quoi peut se plaindre le propriétaire ? S'il souffre de la privation de sa chose, n'est-il pas en son pouvoir de faire cesser la possession du rétenteur ? Au reste, s'il a été prudent, il aura fait fixer le chiffre des impenses à rembourser par le même jugement qui condamne le possesseur à délaisser. A-t il négligé de le faire, il fera des offres réelles suivies de la consignation de la somme représentant approximativement la valeur des impenses. Puis, en faisant prononcer la validité des offres et de la consignation, il se fera, au besoin, adjuger des dommages-intérêts, pour le préjudice causé par le retard que le rétenteur a mis à son entrée en possession. Disons plus, les offres et la consignation reconnues valides équivalant à paiement (art. 1257), le détenteur n'a plus de raison à invoquer pour légitimer son refus de restituer, et le propriétaire peut se faire remettre en possession *manu militari*.

Nous arrivons ainsi à reconnaître que le droit de rétention doit être admis en principe général dans notre législation, toutes les fois qu'aucune disposition contraire ou des considérations plus puissantes déduites des principes généraux de notre législation, n'en repoussent pas l'application. Cette opinion conforme aux règles du droit romain et de notre ancien droit est aujourd'hui généralement admise par la doctrine et même par la jurisprudence (Tarrib. Rép. de Merl. v° *Privil.*, § 5, Valette, n° 6. — Dur. IV, n° 382. — Tropl., *Hypoth.* I, n° 260. — Raut., *Revue de législ.*, 1839).

156. Toutefois nous croyons dévoir signaler à cet égard le tempérament qui a été proposé : Quand le possesseur ne peut invoquer aucun texte formel pour exercer son droit de rétention, et qu'il s'appuie sur de simples considérations d'équité et sur la règle générale de l'article 1184 pour se faire maintenir en possession, le droit de retenir la chose doit lui être reconnu en principe, mais il faut admettre aussi que les juges auraient en cette matière, comme pour toutes les mesures provisoires et conservatoires, un pouvoir discrétionnaire : Les circonstances du fait de la cause, la bonne ou la mauvaise foi du possesseur, les garanties qu'offre le propriétaire, jointes à l'impossibilité de payer immédiatement les impenses, seraient autant de considérations dont on devrait tenir compte pour maintenir l'auteur de ces impenses en possession ou pour rétablir le propriétaire sur son fonds (Demol IX, p. 682, Dem. II, a. 555.)

La solution de cette question nous permet ainsi de

reconnaître l'application du droit de rétention dans les cas suivants que nous étudierons rapidement en suivant l'ordre du Code.

157. § 1er *Constructeur sur le sol d'autrui.* — L'article 555 accorde au possesseur de bonne foi qui a fait des constructions et des améliorations sur le fonds d'autrui, le droit d'exiger le prix de la main-d'œuvre ou de la plus-value. Quant au possesseur de mauvaise foi, il peut être contraint d'enlever les constructions, si mieux on n'aime lui rembourser la valeur entière de ses impenses.

Or quand le propriétaire usant du bénéfice que lui donne la loi, conserve les constructions et autres ouvrages, le possesseur évincé ne peut être contraint de délaisser tant qu'il n'est pas entièrement remboursé. Nous trouvons ici, en effet, toutes les conditions essentielles du droit de rétention, c'est-à-dire deux obligations réciproques relatives à une même chose. D'ailleurs, il serait excessivement dommageable pour le possesseur, auquel la loi n'accorde ni privilége ni hypothèque, de restituer l'immeuble sans aucune garantie. Car le propriétaire peut devenir insolvable, ou du moins aliéner l'immeuble pour en soustraire le prix à l'action du constructeur.

158. Ceci est admis sans contestation pour le possesseur de bonne foi, en raison de ses impenses nécessaires et utiles ; mais quelques auteurs ont refusé

le même droit au possesseur de mauvaise foi, au moins pour ses impenses utiles.

Cette opinion nous semble trop rigoureuse. Nous avons vu déjà (n° 71) que la rigueur des principes du droit romain s'était adoucie sur ce point, et que les constitutions des empereurs avaient fini par rejeter la présomption de libéralité de la part du constructeur ; idée essentiellement fausse, car l'intention de ce dernier est évidemment contraire, comme le fait, avec raison, observer Dumoulin : *Imo constat de contrario quod non vult donare, sed potius alienum usurpare* (Cout de Paris, T. 1, § 1). Pothier accordait aussi, sans distinction, le droit de retenir la possession du fonds à tout possesseur condamné à délaisser, à la charge par le propriétaire de lui rembourser les impenses et améliorations qu'il a faites (Propr. n°s 350 et 357).

Rien ne prouve que l'on doive décider autrement aujourd'hui. La loi ayant fait une distinction entre ces deux classes de possesseurs, quant aux fruits, et quant au mode de réglement de compte entre le constructeur et le propriétaire, n'a rien décidé de pareil, quant aux moyens d'assurer le remboursement. La connaissance qu'avait le possesseur de mauvaise foi du droit du véritable propriétaire le place déjà dans une position assez dure, en le mettant dans la nécessité d'enlever la construction, sans le priver encore du bénéfice du droit de retention. Ajoutons que les motifs sur lesquels est fondé ce droit ne semblent comporter aucune distinction.

Enfin une raison qui, à nos yeux, paraît décisive, c'est que, dans la pratique, les rapports du propriétaire et du constructeur de mauvaise foi seront toujours réglés par une transaction. En conférant au propriétaire le droit de faire enlever par le possesseur de mauvaise foi les constructions et autres ouvrages par lui faits sur le fonds, la loi lui fournit un moyen énergique de l'amener à composition et de le contraindre à se contenter de la valeur de la plus-value, au lieu de celle de la dépense même, comme le dit l'art. 555. Si donc le propriétaire consent à garder les construtions, moyennant une indemnité convenue à l'amiable, n'est-il pas évident qu'il se lie par un contrat envers le possesseur évincé ? Et en devenant ainsi, en quelque sorte, acquéreur des constructions et des ouvrages faits sur son fonds, ne place t-il pas le constructeur dans la position d'un vendeur ordinaire ?

Remarquons que cette solution ne contredit point ce que nous avons vu plus haut au n° 97, où nous refusons le droit de rétention à toute personne dont la possession est entachée de violence ou de dol. Car il y a une grande différence entre celui qui achète sciemment la chose d'autrui, et le possesseur violent ou frauduleux. Pothier signalait déjà une semblable distinction, et c'est à raison de cette différence qu'il accordait au simple possesseur de mauvaise foi le droit de réclamer ses impenses utiles. (Dom. de propr. n° 350).

Quant aux dépenses voluptuaires, la répétition n'en étant admise que par exception, on comprend qu'elles ne puissent jamais donner lieu au droit de rétention.

159. Quand les impenses et la plus-value étaient si considérables, que le propriétaire se trouvait hors d'état de les payer, il avait paru équitable à Pothier d'accorder à ce dernier le droit de rentrer dans son fonds sans paiement préalable, mais en lui imposant l'obligation de payer annuellement au constructeur une rente, dont les arrérages représenteraient approximativement les revenus du capital auquel aurait été estimée la plus-value. Cette combinaison tout-à-fait conforme à l'équité, devrait être adoptée encore aujourd'hui. Mais le constructeur n'aurait plus comme autrefois un privilége pour assurer sa créance des arrérages : il lui serait permis seulement de stipuler une hypothèque sur le fonds restitué. Nous trouvons-là une application du tempérament signalé plus haut.

Faisons observer enfin que tout ce qui a été dit ci-dessus, au sujet des constructions et autres ouvrages faits sur le fonds d'autrui, s'appliquerait égalementment au cas de simples plantations sur le même fonds.

160. § 2. *Gérant d'affaires.* — Le maître, dont l'affaire a été bien gérée, doit tenir compte au gérant de tous les engagements pris par ce dernier vis à-vis des tiers et lui rembourser, en outre, toutes les dépenses utiles ou nécessaires qu'il aura faites (1375). Si donc le gérant se trouve en possession de la chose qui a fait l'objet de ses impenses, il faut lui reconnaître le droit d'en refuser la délivrance, tant qu'il ne sera pas entièrement désintéressé. Sa position est, en effet, tout au moins aussi favorable que celle de l'acquéreur à réméré (1673). La même faculté lui était accordée en droit romain. — Ce droit appartiendrait, par la même raison, à tout communiste, notamment à l'héritier qui a fait des dépenses sur la chose commune et indivise. Il en serait de même du donataire évincé.

161. § 3. *Possesseur d'une chose reçue indûment* — Le possesseur d'une chose reçue indûment a droit au remboursement de toutes les dépenses nécessaires ou utiles faites sur la chose réclamée par la *condictio indebiti* (1381). Quant aux dépenses de la première classe, aucune distinction ne doit être faite entre le possesseur de bonne foi et le possesseur de mauvaise foi. Mais l'on devrait appliquer les dispositions de l'art. 555 au réglement des dépenses utiles. Dans tous les cas, la créance du possesseur obligé à la restitution serait garantie par un droit de rétention.

162. § 4. *Acheteur évincé.* — L'acheteur évincé a droit de se faire tenir compte de ses impenses nécessaires et utiles soit par le propriétaire revendiquant soit par son vendeur (1634). Il jouirait même vis-à-vis du premier du droit de retenir la chose pour assurer son remboursement. Ce n'est là, du reste, qu'une nouvelle application del'art. 555, auquel il faut se référer pour régler les rapports de l'acheteur avec le propriétaire.

La loi, dont l'esprit nous est révélé par l'article 1673, autoriserait encore l'acquéreur à se faire maintenir en possession, jusqu'au remboursement du prix ou des dommages-intérêts qui lui sont dus par son vendeur, dans tous les cas où la résolution de la vente serait prononcée, soit pour lésion ou inexécution des conditions du contrat, soit à raison de l'existence des servitudes non apparentes et non déclarées (1638), ou enfin par suite de défauts cachés qui rendent la chose impropre à l'usage auquel on la destine (1641). Mais s'il s'agissait d'une vente révoquée pour cause d'inaliénabilité du fonds dotal, nous n'accorderions à l'acquéreur le droit de retenir la possession de l'immeuble que pour ses impenses nécessaires.

163. § 5. *Locataire à raison du dommage causé par la chose louée.* — L'art. 1721 accorde au locataire le droit de réclamer une indemnité pour les pertes causées par les vices ou les défauts de la

chose. Un semblable préjudice peut-être en quelque sorte assimilé à des dépenses faites sur cette chose. L'article 1948 met ainsi ces pertes sur la même ligne que les dépenses pour autoriser le droit de rétention. Il est donc vrai de dire que la créance du locataire a pris naissance à l'occasion de la chose louée, et peut, le cas échéant, autoriser le droit de rétention.

Tout au moins ce droit devrait-il être accordé au fermier ou locataire pour les impenses nécessaires faites par lui sur la chose louée. Mais quant aux dépenses simplement d'amélioration, on ne devrait lui reconnaître la même faculté qu'avec de grandes réserves et seulement si le locateur trouve de l'intérêt à la conservation des constructions et autres travaux d'amélioration. Sinon il pourrait exiger la démolition de ces ouvrages, comme s'il s'agissait de constructions élevées par un possessesseur de mauvaise foi (555).

164. § 6. *Commodataire.* —Une action est accordée au commodataire pour répéter ses impenses nécessaires et tellement urgentes qu'il n'a pu en prévenir le prêteur, et pour la réparation des pertes causées par les vices cachés de la chose (1890 et 1891). Or, on s'est demandé, si l'emprunteur pouvait retenir la chose prêtée, comme garantie de ses dépenses de conservation et des dommages-intérêts qui lui sont dus.

En droit romain ce bénéfice était formellement

conféré au commodataire. Pothier lui reconnaissait aussi le même droit, par la raison que la chose était censée obligée pour les impenses faites par l'emprunteur, et qu'il devait être assimilé à tous ceux qui ont fait des impenses pour la conservation de la chose (*du Prêt*. n° 43 et 83).

Sous le Code, cette opinion a généralement prévalu. L'existence des impenses de conservation a pour effet, en quelque sorte, d'affecter la chose d'une d'une espèce de droit de gage. L'équité ne permet pas d'ailleurs de faire supporter provisoirement, sans aucune garantie, à l'emprunteur des dépensee imprévues et sans lesquelles la chose n'existerait plus.

Le commodataire peut toujours renoncer à sa possession et réclamer directement ses impenses, sans que le prêteur puisse se libérer de son obligation en faisant l'abandon de la propriété de la chose. Enfin, outre son action et son droit de rétention, le commodataire jouit pour ses impenses de conservation d'un privilége sur le prix de la chose conservée, en vertu de l'article 2102, 3°.

165. § 7. *Mandataire*. — Le mandant doit tenir compte au mandataire de toutes les avances et frais faits pour l'exécution du mandat (art. 1999 et 2000). Obligé de rendre compte, ce dernier doit avoir, en retour, le droit de retenir et de compenser sur les sommes dont il est détenteur, le montant des avances nécessitées par sa gestion. Bien plus, si ces avances

ont eu lieu à l'occasion d'un corps certain, le mandataire aurait, au même titre et à plus forte raison que le gérant d'affaires, un droit de rétention sur cette chose, pour assurer son remboursement. Pothier lui accordait déjà le droit de refuser au mandant la restitution des objets qu'il avait été chargé d'acheter ou de recevoir à tout autre titre. Ceci est généralement admis aujourd'hui tant en matière civile qu'en matière commerciale, avec d'autant plus de raison que le mandataire rend le plus souvent un service gratuit. La même faculté devrait être reconnue, par le même motif, au profit de tous les administrateurs ou mandataires légaux, et notamment en faveur du tuteur et du mari. — Ce dernier aurait même le droit de retenir les immeubles dotaux de sa femme, au cas de séparation de corps, à raison de ses impenses nécessaires. Le principe d'inaliénabilité ne peut être un obstacle à l'exercice de ce droit. L'article 1558 autorise formellement l'aliénation pour faire ces dépenses ; de sorte qu'à proprement parler la dot n'est plus inaliénable dans cette hypothèse. — Nous ne refuserons ce droit au mari que s'il voulait se prévaloir de simples dépenses d'amélioration faites sur le fonds dotal, ou si sa mauvaise administration avait nécessité une séparation de biens, quelque soit d'ailleurs le régime adopté par les époux (arg. art. 2082).

Les avoués ne sont à proprement parler que des

mandataires *ad lites*. Une ordonnance de 1453 leur interdisait le droit de retenir les pièces des parties à raison de leurs honoraires. Mais nous voyons dans Pothier (Mandat. n° 133) que le procureur pouvait retenir tous les actes de procédure qui étaient son ouvrage, jusqu'au paiement de ses déboursés et de ses honoraires. Néanmoins, s'il s'agissait d'un jugement ou autres pièces levées à ses frais, le droit de rétention garantissait seulement le paiement des déboursés. Cette distinction, qui résulte d'un arrêt de 1547, lequel avait fait jurisprudence, reposait sur cette idée qu'il y aurait eu, en quelque sorte, manque de foi dans le fait de retenir les pièces confiées par le client à la fidélité des procureurs. (V. n° 87).

Dans la législation actuelle, bien qu'aucun texte n'attribue ce droit aux avoués, il est admis généralement qu'il leur est permis de retenir les actes de procédure et les titres obtenus à leur frais. En outre de la liaison intime qui existe entre la créance et ces actes, de puissantes considérations d'équité réclament en leur faveur.

Ce que nous disons des avoués doit être appliqué aux huissiers : ils pourront, eux aussi, retenir les actes qui sont leur ouvrage, jusqu'à ce qu'ils soient remboursés; mais non les titres remis par les parties, et que les exploits de l'huissier n'ont ni créés, ni conservés.

Quant aux avocats, indépendamment même des

principes de délicatesse et de désintéressement que leur imposent les règles de discipline et les traditions du barreau, le défaut de corrélation entre la créance et la chose retenue, ne leur permettrait point d'exercer le droit de rétention sur les pièces du procès, pour garantir le paiement de leurs honoraires. Mais par la même raison, on ne pourrait certainement leur refuser le droit de retenir leurs travaux écrits, tels que notes, extraits, mémoires et consultations (conf. Mollot., p. 76 et suiv.).

Toujours en vertu du même principe, nous ne saurions admettre avec un arrêt (Bordeaux, 21 décembre 1836), que le droit de rétention appartienne à l'expert sur les pièces qui lui sont confiées, pour sûreté de ses honoraires.

166. § 8. *Aubergiste.* — L'art. 2102, 5° confère à l'aubergiste un privilége pour garantir le paiement des fournitures faites à un voyageur. Ce droit porte sur tous les effets transportés dans l'auberge, ce qui comprend les bagages, les voitures et les animaux hôtelés, comme le décidait déjà l'art. 175 de la coutume de Paris. Peu importe que le voyageur soit propriétaire ou simple détenteur précaire de ces objets. Il n'en serait autrement qu'autant qu'il s'agirait d'objets perdus ou volés, ou que l'aubergiste aurait connaissance de la nature précaire de la possession du voyageur. Exceptons aussi, par des raisons d'humanité, les habits de ce dernier.

Le privilége de l'aubergiste, reposant sur la présomption d'une constitution tacite de gage, se trouve intimement lié à la détention matérielle de la chose. Il en était de même dans l'ancien droit. Aussi pour sauvegarder ce privilége, l'art. 175 de la coutume de Paris, attribuait-elle formellement un droit de rétention à l'aubergiste sur tous les effets grevés du droit de préférence. Le Code ne s'explique pas sur ce point. Mais sans aucun doute le même bénéfice doit lui être reconnu aujourd'hui. Le privilége de l'aubergiste s'éteignant avec la perte de la possession, serait complètement illusoire, s'il n'était sauvegardé par le droit de rétention.

Si l'aubergiste négligeait d'user de son droit et laissait partir volontairement le voyageur sans réclamer son paiement, il perdrait irrévocablement son droit de préférence et son droit de rétention. Mais si le voyageur avait emporté ses effets à l'insu de l'aubergiste, ce dernier ne serait plus réputé avoir fait abandon de la possession. L'acte du voyageur serait considéré comme un vol du gage, ce qui permettrait à l'aubergiste d'exercer la revendication même entre les mains des tiers de bonne foi, pendant un délai de trois ans, en vertu du principe de l'article 2279.

Le droit de rétention accordé aux aubergistes offre encore de l'intérêt à un autre point de vue : La loi du 25 mai 1838, art. 2, attribue aux juges de paix la connaissance des contestations entre voyageurs et hôteliers, ainsi qu'entre voituriers ou carrossiers et voyageurs. Mais cette loi n'a d'autre but que d'étendre la juridiction des juges de paix, à raison de l'urgence de ces contestations : elle ne change rien aux autres règles de compétence. Le voyageur ne pourra donc être assigné par le carrossier ou l'aubergiste que devant le juge de paix de son propre domicile. Mais l'aubergiste pourra éviter d'aller plaider devant un tribunal étranger, en retenant les effets du voyageur; car ce dernier, pour faire déclarer cette rétention mal fondée, sera tenu de l'assigner devant devant le juge de paix du domicile du défendeur.

Les voituriers et les carrossiers dont parle le même article jouiraient évidemment du même bénéfice.

167. § 9. *Voiturier*. — Le paiement des frais dûs aux voiturier est également garanti par un privilége. Ces frais de voitures comprennent même les dépenses accessoires, telles que le paiement des droits d'octroi, de douane et autres avances faites en cas d'avarie ou pour la conservation de la chose.

Ce droit est accordé à tout voiturier par terre ou par eau, sans distinction, sur la chose même dont il a effectué le transport. Mais chaque chose ne répond que des frais occasionnés par son propre transport.

En outre de ce privilége, le voiturier jouit d'un

droit de rétention, comme l'aubergiste lui-même, jusqu'au paiement des frais de voiture.

Suivant quelques auteurs, le privilége du voiturier se rattache à une idée d'amélioration des objets transportés. Dès-lors il pourrait être exercé même après la remise de ces objets au destinataire. Suivant d'autres, ce privilége se rattacherait plutôt à l'idée d'un gage tacite, comme celui de l'aubergiste, et comme ce dernier, il perdrait à la fois son privilége et son droit de rétention avec la possession de la chose. Cependant, même dans ce système, le privilége du voiturier n'est considéré comme perdu que si la dépossession est réelle et complète. Elle ne le serait pas si la chose se trouvait encore dans un entrepôt, ou si le voiturier avait seulement déposé les marchandises chez le destinataire, pour que celui-ci les reconnaisse. en se réservant expressément de venir chercher son paiement.

Malgré ce tempérament, le droit de rétention qui appartient au voiturier sur les marchandises transportées, lui serait, dans ce dernier système, de la plus grande utilité. puisqu'en se dessaisissant sans réserve de ces marchandises, il perd la double garantie qui lui assure le paiement de ses frais de voiture.

168. § 10. *Tiers détenteur évincé par les créanciers hypothécaires.* — L'art. 2175, confère au tiers détenteur d'un immeuble hypothéqué, acheteur, do-

nataire, ou autre, actionné en délaissement ou qui subit l'expropriation de l'immeuble, la faculté de se faire tenir compte par les créanciers hypothécaires qui l'évincent, de ses impenses et améliorations jusqu'à concurrence de la plus value. La position de ce tiers détenteur est exactement la même que celle de tout autre possesseur évincé. A ce titre, il faut donc lui reconnaître le droit de retenir l'immeuble jusqu'au remboursement de ses impenses. Sinon, où serait sa garantie ? Le droit romain lui permettait déjà d'user de cette faculté. On ne peut prétendre que l'exercice du droit de rétention mettrait une entrave à l'action des créanciers hypothécaires. Car nous avons vu que la saisie et la vente de l'immeuble retenu sont possibles, sous la condition pour les créanciers saisissants de faire insérer au cahier des charges que l'adjudicataire devra verser une portion de son prix égale à la plus value entre les mains du tiers détenteur, avant d'entrer en possession de l'immeuble (n° 107). Ce système tout à fait équitable nous semble concilier les intérêts de chacune des parties intéressées.

CHAPITRE VI.

DES CAS DANS LESQUELS LE DROIT DE RÉTENTION EST FORMELLEMENT REFUSÉ.

169. I. Le commodataire ne peut retenir le prêt en compensation de ce que le prêteur lui doit, nous dit

l'article 1885. Cette règle a reçu diverses interprétations. Selon les uns, elle ne serait qu'une application du principe de l'article 1293. 2°. La compensation ne pouvant avoir lieu qu'entre deux dettes de choses fongibles de la même espèce, et le prêt à usage ayant ordinairement pour objet un corps certain, l'impossibilité pour le commodataire d'opposer la compensation résultait déjà de cette règle générale.

Mais il est à croire plutôt que le mot *compensation* n'est pas pris dans cette article dans son sens rigoureux : cela parait résulter des termes même de la loi qui nous parle de la restitution de la chose prêtée elle-même et non d'une somme d'argent qui en représenterait la valeur. L'article 1885 n'est, en effet, que la reproduction de la loi 4, *Commodati*, au Code, qui interdisait au commodataire la faculté de se créer un gage par surprise, à l'insu du débiteur, pour une créance sans connexité avec la chose retenue.

Mais nous avons vu (n° 164) que le commodataire aurait un droit de rétention pour les impenses nécessaires faites sur la chose.

170. II. L'art. 306 du Code de commerce refuse encore au capitaine le droit de retenir les marchandises sur son navire faute de paiement du fret. Le voiturier peut cependant refuser la délivrance des marchandises transportées, jusqu'au paiement de ses déboursés et des frais de transport. Mais la po-

sition du voiturier et du capitaine n'est pas absolument identique : Il serait impossible avant le débarquement de pouvoir constater l'état des marchandises entassées sur un navire, où elles ont pu subir des avaries presque inévitables; on ne pouvait pas non plus permettre au capitaine de garder ces marchandises exposées aux dangers de la mer. Mais il peut, lors du débarquement des marchandises, en exiger le dépôt en des mains tierces jusqu'au paiement du fret. (a 306. 2°.) En outre, à l'inverse du voiturier qui perd son privilège en abandonnant sans réserve la possession de la chose, le capitaine conserve son privilège pendant quinzaine après la délivrance des marchandises, pourvu qu'elles n'aient pas passé en mains tierces (a. 307).

171. III. Plusieurs lois spéciales renferment aussi un refus formel du droit de rétention. C'est ainsi que l'art. 56 de la loi du 22 frimaire an VII, interdit aux receveurs de l'enregistrement de retenir des actes et des exploits qui leur sont présentés. Cette règle est absolue. Vainement prétendraient-ils que ces actes n'ont pas été enregistrés et voudraient ils, par ce moyen, forcer les parties à remplir cette formalité, il pourraient être contraints judiciairement à la restitution.

Il n'est fait d'exception à cet égard qu'autant que l'acte dont il n'existe pas de minute ou l'exploit contiendrait des renseignements dont la trace puisse être utile pour la découverte de droits dus à la régie. Le receveur est alors autorisé à tirer copie de l'acte ; mais, même dans ce cas, la rétention ne peut durer plus de vingt-quatre heures.

172. IV. Enfin, d'après la loi des 14-21 mai 1851, le maître ne peut plus, dans aucun cas, retenir le livret de l'ouvrier par le seul motif qu'il lui a fait des avances.

POSITIONS

DROIT ROMAIN.

I. Le dépositaire jouit du droit de rétention pour ses impenses nécessaires, nonobstant la loi 11, *depositi*, C.

II. La loi 4, *commodati*. C. n'a pas pour objet de priver le commodataire du droit de retenir la chose prêtée, à raison des impenses de conservation faites sur cette chose.

III. Au temps de la jurisprudence classique, le possesseur de bonne foi faisait les fruits siens par la seule perception.

IV. L'exception de dol insérée dans la formule d'une action *stricti juris*, dans le but de faire valoir une compensation, a pour effet de modifier la condamnation et non d'entraîner nécessairement l'absolution du défendeur.

V. Les lois 29, § 2, *de pign. et hypoth.*, D. et 44,

§ 1, *de damno infecto*, sont inconciliables.

VI. Le mariage ne peut se former par le seul consentement.

DROIT FRANÇAIS.

I. Le droit de rétention constitue un droit réel.

II. Ce droit est opposable même aux tiers ayant sur la chose retenue un privilége préférable à celui du rétenteur.

III. Les créanciers du propriétaire de la chose retenue peuvent la faire saisir et vendre, sous la condition de ne porter aucune atteinte aux droits du créancier rétenteur.

IV. Le droit de revendication accordé au vendeur par l'article 2102, 4°, n'est que la revendica- de la possession de la chose vendue, à l'effet de la retenir jusqu'au paiement du prix.

V. L'article 2082, 2°, confère au gagiste un droit de gage, proprement dit.

VI Le mari, aussi bien que les tiers-acquéreurs évincés, peut retenir les immeubles dotaux de la femme, à raison des dépenses nécessaires faites sur ces biens. — Le même droit ne saurait leur être reconnu pour de simples dépenses d'amélioration.

VII. Le privilége du voiturier s'éteint, en même temps que son droit de rétention, quand il s'est dessaisi de la chose.

VIII. Dans l'hypothèse prévue par l'article 2175, le droit de rétention doit être reconnu au tiers détenteur soumis à l'action des créanciers hypothécaires, pour ses impenses et améliorations.

IX. Les intérêts d'un prix de vente se prescrivent par cinq ans.

DROIT CRIMINEL.

I. Un Français ne peut être poursuivi en France, à raison de simples délits commis sur un territoire étranger.

II. La Cour d'assises peut appliquer les circonstances atténuantes au condamné par contumace.

DROIT COMMERCIAL.

I. Le contrat de gage commercial est soumis, en principe, aux formes exigées par les articles 2074 et 2075, C. Nap.

DROIT ADMINISTRATIF.

I Dans tous les cas d'urgence, le juge de référé

est compétent pour prescrire des constatations de fait et des mesures conservatoires destinées à prévenir, constater ou faire cesser les dommages causés par les travaux publics à une propriété particulière.

HISTOIRE DU DROIT.

I. La communauté entre époux a une origine germanique, mais ses règles ont subi l'influence des communautés rurales du moyen-âge.

DROIT DES GENS.

I. Les tribunaux français sont compétents pour statuer sur la validité d'une saisie arrêt pratiquée par un Français créancier d'un gouvernement étranger.

II. Le mariage contracté par un Français à l'étranger, sans les publications prescrites par l'article 170. C. N., n'est pas nécessairement nul.

Vu par le Président de la thèse,

A. VALETTE.

Vu par le Doyen de la Faculté,

C. A. PELLAT.

Permis d'imprimer.

Le vice recteur de l'Académie

ARTAUD.

TABLE DES MATIÈRES.

www.ingramcontent.com/pod-product-compliance
Ingram Content Group UK Ltd.
Pitfield, Milton Keynes, MK11 3LW, UK
UKHW021044200726
13857UKWH00003B/811